Siti Surabaya

Siti Surabaya

F AZIZ MANNA

translated by
George A Fowler

LONTAR

Jakarta, Indonesia

CONTENTS

Siti Surabaya, 7

Glossary, 105

A Conversation between the Translator and the Poet, 107

Biographical Information, 113

SITI SURABAYA

AWALAN

pada mulanya semua terkumpul
bersarang di setegak tiang
angin menerabas batas
hening dan sunyi
meliuk-lengkingkan gaung gelombang
pikiran: godaan, dosa kekal

sejak yang tertuduh tertundung
—aku dan kamu; kami—
ketelanjangan yang begitu menakjubkan dan murni
pintu-pintunya bertutupan
meringkuk bersama sulur tumbuhan dan kulit hewan

cahaya menembakkan kesadaran pada bayang-bayang
mendung memayung
menyembunyikan perbatasan

kami menempel pada musim
bersama mekar dan guguran kembang
kami menari bersama angin

buah-buahan berontokan mengajak serta ranting-rantingnya
mengajak serta akar-akarnya
memeluk lekuk bumi dingin dengan lembah dan ceruk gua
kami tersesat dalam kemaluan —hantu ketelanjangan
kami: keasingan yang dicemplungkan dalam gelombang
serupa gasing disentakkan:
kaki kesedot rangsang ketarik tualang
lengan melimbang dari tiang ke pegangan
dari yang satu ke yang ragam
yang terkena dan mengenai menyatu dalam diri yang dilempar

THE BEGINNING

in the beginning all gathered
nestling together at the tall pillar
wind spiking the boundaries
wind piercing the frontier of silence and stillness
twisting and shrieking in echoing waves
of thought: enticements, eternal guilt

ever since those accused had been expelled
— you and i; we —
in a nakedness so astonishing and pure
against whom the gates were shut
crouched together amid the tendrils of plants and the skins of beasts

light radiating awareness at the shadows
lowering, sheltering
and concealing the boundary

we fasten to the seasons
with the blossoming and dying of the flowers
we dance with the wind

and the falling fruit call on their branches to join in
and invite their roots to come along
to hug the lines of the cold earth, its crevices and grottoes
we're lost in shame — ghosts of nakedness
we: exiles plunged into the waves
like tops knocked off their spin:
feet sucked in by thrills, pulled along by adventure
arms measuring, shifting from tree to grip
from the one to the multifarious
the one hit and the one hitting merge with the thing thrown

dia yang telah ditunjuk
—kecemasan dan kesementaraan—
mengincim, memburu di seluruh penjuru
membuat pemeluk jadi pencari.

that which has been shown
— worry and transience —
aims at, hunts for in every corner
making once the embracer now the seeker.

I

siti dilahirkan pada tanah yang ditakdirkan
membawa tanda hitam sehitam nasib siti di kemudian
tangis pertama siti pecah sebab bunyi dan cahaya
tangis terakhir siti melangut disulut retak gertak
dan raib cahaya
siti mengada dari kubang ketuban
siti mengakhir pada lumpur menggenang
cericit pipit tak lagi ada
hanya kelepak blekok hitam

di timur tanggulangin cinta meleleh
siti tertalak seperti kapal karam
betapa hancur jiwa siti, sunyi
menanggul air mata yang menyucur tak sudah-sudah
pacul dipatungkan lumpur, sabit dikaratkan lempung
rerumput merintih di hati siti, menjalar perdui otak siti
membenalu, menempel-isapi tubuh ceking siti

mendung kian tebal tapi kemarau kian panjang
lumpur tak kenyal tak jua mengkal
bharada, kendimu telah pecah
garis airmu meliar tak tentu arah
membuat peta tak lagi terbaca
kertapati, sang kilisuci yang lahir kembali
mengapa masih ada goda dari kesunyian gua garba
bukankah langit dan bumi tak bisa dipisah
tak bisa dipegang berat sebelah
dan kalian para nata, mengapa
hanya terdiam mendengar jerit sejarah
lihatlah, bandul itu telah menemu titik awalnya
tangis pecah

I

siti was born in soil destined
to bear a mark as black as siti's fate in days to come
siti's first tears burst out at the sound and light
siti's last tears were sadly triggered by an ominous crack and sudden
darkness
the amniotic mere was siti's beginning
a pooling mire was siti's ending
no longer the sound of sparrows chirping
only the flap of the black herons' wings

love trickled, east of Tanggulangin
divorced, siti was a capsized ship
so broken in spirit was siti, desolate
with tears pouring down like never before
spades sculpted with mud, sickles rusted, useless
grasses and weeds sighing in siti's heart, bracken creeping, grappling with
siti's brain and leeching siti's shriveled body

clouds grew ever denser but drought lasted ever longer
river mud neither spongy nor ripe
bharada, your water jug has broken
water sprays all over,
making maps unreadable
kertapati, lady kilisuci who was reborn
why are there still temptations from the silence of the womb
are not heaven and earth inseparable
and can only be grasped in unison
and you kings, why
only listen in silence to the cries of history
look there, the pendulum has swung back to its starting point
weeping has broken out

tak ada yang tahu kapan sesuatu itu datang
meski semua tahu sesuatu itu pasti datang
dan siti membaca seluruh gejala, menghitung peristiwa
menafsir tetanda, menghubung-hubungkannya

matahari diserang gerhana
bulan gagal mantulkan sinarnya
langit terbelah, bumi membuncah
bah dari segala arah, mahapralaya
inikah saatnya, kinikah waktu datangnya sesuatu yang pasti itu
yang tak seorang pun menahu?

*

sebermula kau telah merencanakan menggali perut siti
hingga kedalaman 8.500 kaki
menyedot lubuk lambung yang dihuni cairan awet wangi
yang tersembunyi di pori-pori batu-batu
pada lipatan inti rahim siti
saat perjalanan mencapai 9.297 kaki matagalimu
menyentuh takdir:
izrail yang tandang di suatu petang
lewat mata baja yang patah
getah tanah menyembur
mayat-mayat menyembul dari kubur
bebatuan melepuh, bepercikan mewujud pisau
hidup meleleh ke jalanan
zonder plang dan penerangan
membuat seluruh kampung jadi patung;
sebuah pintu isap
yang tak pernah memberi ampun pada siasat
sekali terketuk selamanya mengutuk

no one knows when such a thing comes
though everyone knows that such a thing surely comes
and siti read all the trends, counted the events
interpreted the signs, and connected them all

an eclipse scathed the sun
the moon failed to beam its light
the heavens split, the earth upheaved
flooding gushed from all directions, the great dissolution
was this its moment, was this now when what was never doubted would
come
that not a single person knew about

*

to begin with, you had planned to dig into siti's belly
down to 8,500 feet
drilling down to its pit sucking out an everlasting, fragrant liquid
concealed within the porous rock,
in the innermost folds of siti's womb
when the journey reached 9,297 feet the well you dug touched destiny:
izrail, visiting one evening
passed the broken drill bit
when the earth's sap suddenly spurted
and the dead burst from their graves
the rocks blistered, spattering like knives,
alive and melting into the streets
now without signposts and information
transforming the entire kampung into stone,
a suction gate
that never forgave that method
of once being tapped, forever cursing

kau kira perjalanan telah sampai
target tercapai
tapi lelubang batu memecah
mengisap umpan dan menyemburkannya
seperti laba-laba menandai mangsanya
sembur racun getah tanah
ke mana pun kau lari, jejak itu selalu mengikuti

kau tarik patahan matagali yang menancap di pintu rahim siti
tapi isap-semburan kadung kukuh
getah tanah melumpuri seluruh tubuh
kau tutup aib dalam peti mati
kau kubur dalam tanggul
kau hadang hujan agar matahari terus menyembul
tapi lubang terus menganga
seluruh muslihat jadi percuma
getar gemuruh rekahkan pintu-pintu baru
siap mengisap seluruhnya, menyemburkan segalanya
yang bermakna atau sia-sia

jleng!
sebuah bukit tiba-tiba jatuh
dari langit, konon kabarnya
dia jatuh dari kandungan angin topan
yang berkelahi dengan naga air
pertarungan yang membuat bumi bergetar
getaran yang membuat matacangkul penguasa tanah
di kampung siti patah
patahan yang mencongkel pintu penghubung bumi
dan langit
terowongan yang dihuni raksasa lentur
yang menjadi pelebur segala sesuatu yang membentur

you reckoned we were at journey's end
with the target achieved
but the stone pit cracked
sucking in the bait and spitting it out
like a spider marking its prey
belching out the earth's poisonous juices
so wherever you run, its tracks will follow

you pulled at the fractured well embedded
in the door of siti's womb
but both burst and suction proved too strong
the earth's juices muddied over the entire body
covering this disgrace in a coffin
you buried it in a dike
but the pit kept yawning
and all strategems were vain
thunderous shaking split the new gateways
ready to suck in and spit out everything
meaningful or not

ka-boom!
suddenly a hillside fell
from the heavens, so they said,
falling from the womb of the cylone,
clashing with the water dragon,
combat that caused the earth to quiver,
vibrations shattering the mattock blades of the land's sovereigns in siti's
kampung
a fracture gouging the gate linking heaven
and earth
a tunnel haunted by supple ogres
becaming the smelter for everything colliding with it

jleng!
gumpalan bukit sekonyong-konyong terjun
dari langit, konon kabarnya
ia datang dari semburan kencing seorang sakti yang
mengkristal hitam
seorang sakti berjuluk si ilang
keturunan penguasa gurun dari pusat semesta
si ilang yang licin
selalu luput dan merucut dari segala jeratan
bahkan tetali gantungan tak bisa menyesuaikan
dengan lehernya
leher yang bisa mengecil dan membesar
leher yang bisa mengeluarkan suara aneh
suara yang bisa membuat segala sesuatu timbul
atau tenggelam
suara yang bisa menjinakkan makhluk halus
penghuni pohon besar
makhluk halus yang suka menakut-nakuti dan minta sesaji

jleng!
siti *mecetat*, mencelat, semburat dari langit
raksasa sebesar bukit telah menelan detak jantung siti
menelan rumah siti, lebih hangus dari api
abunya mengental jadi noda hitam
membesar dan melebar
estuari sunyi dalam remang mahakelam
angin menarikan asap di rawa hitam
perdu kian liar di tanggul panjang
merimbuni kaki siti
lambung beradu batu
mata setajam pisau
kehampaan meringkuki hati siti
jalan jadi begitu menyulitkan
siti tak lagi melangkah
kaki siti telah pipih

ka-boom!
a mass of hillside plunged abruptly
from the skies, so they said, coming
from a spurt of a powerful saint's
black-crystalizing piss
a powerful saint dubbed Si Ilang
—the Missing One—
and descended from a desert ruler at the very center
of the universe
Si Ilang the slick
slip-sliding from every trap
even a hangman's noose could not fit his neck,
a neck that can shrink and thicken,
emitting weird noise,
a voice that can make all things rise and sink,
a voice taming those invisible
tree-dwelling ones
enjoying their fright, demanding offerings

ka-boom!
siti burst, soared, and spattering from the skies
an ogre the size of a hill swallowed siti's heartbeat
gorging siti's home, more scorched than burnt,
ash hardening to a black smudge
growing and widening
a dim and quiet estuary in the depth of a great darkness
the smoke danced in the wind in the black swamp
bracken grew wild on long embankments
sheltering siti's feet
flesh clashed with stone
eyes sharp as knives
nothingness imprisoned siti's heart
the way became so blocked
siti could not step forward
siti's feet were flattened

siti teronggok pasrah pada kehampaan
siti begitu lapar
lapar yang menyedihkan
hanya gelas siti punya
meluber penuh luh
ibailah siti
copot satu atau dua atau tiga atau
kalau kau begitu bermurah
semua sumpal penutup
hanya dan hanya bagi sandaran
bibir siti yang gemetar lapar
lapar membuat siti jadi pengisap dan penyembur
lapar memberikan cangkang zirahnya
menjadikan siti peliang sejati
membenamkan diri menuju rumah
dalam kekosongan, rumah siti tumbuh kembali
mengambang, memendarkan cahaya cecacing swima
siti bernapas dalam timbunan mahatebal
crustasea membentangkan jalan
menjaga siti dengan sinarnya

buku-buku terkubur dalam rumah yang tertimbun lumpur
buku-buku dan rumah tak bisa melarikan diri seperti kaki siti
buku yang menyimpan abjad dan kalimat
rumah yang menghidupi mata abjad
dan mulut kalimat
buku dan rumah yang menumbuhkan kesadaran kaki
agar berlari saat lumpur menggonggong seperti anjing
yang berlari
buku dan rumah tak bisa memerintah dirinya sendiri
membuat bahasa *mrotoli* di lidah siti
yang tumbuh di bawah terik matahari hanya auman
dan amukan
selebihnya sunyi
tinggal napas menunggu berhenti

siti flopped in a heap, resigned to nothingness
exceedingly famished
with a hunger so saddening
only siti's glass
was overflowing, and in tears
oh take pity on siti
break off one or two or three or
if you are so generous
all the stoppers and plugs
solely to aid
siti whose lips tremble with hunger
hunger making siti a sucker and spitter
hunger giving her an armored shell
making siti a true burrower
submerging herself toward home
in emptyness, siti's home grew back
with the floating, incandescent glow of ocean-floor worms
siti breathed inside the thickest of shelters
crustaceans laid out a road
watching over siti with their glow

books buried in the house submerged in mud
books and house with no feet to escape like siti
books storing alphabets and sentences
homes nourishing the alphabet's letters,
the sentence's voice
books and a house nurturing feet, feet primed
to flee when mud barks
like running dogs
books and houses unable to command themselves
to make language tumble off siti's tongue
roaring with a fury growing under
the sun's blazing rays
all else was silent
all that remained, breath waiting to suspire

enam belas kampung terlalu besar untuk disebut pekuburan
tapi kau buat juga kijing itu
dan siti berdiri bagai nisan
menandai kematian dalam diam
peziarah datang seperti peneliti
mengusapi siti, menciumi siti
selebihnya hanya basa-basi

sakit ini runcing jarum yang menyatukan siti
benangnya mengakar di sekujur badan
mengulur tangisan demi tangisan
siti, nisan yang berjalan
merindui gundukan
ranjang yang abadi

dan meledaklah aroma tanah
tanah basah
keberadaan siti tiba-tiba jadi begitu menghalangi
pepohonan di sepanjang jalan menjadi batu
aliran sungai berhenti
mengental
menggumpal
jadi koloseum hitam berceruk mahadalam
penampakan siti begitu pucat
dada terbuka
bola mata merah
lengan siti mengisyaratkan duka
mewujud dendam di kepalan tangan
menandakan akhir sebuah riwayat
batang kepala siti selalu tergeleng meruntuhkan segalanya
hati siti adalah gugusan tanggul
bau tanah yang mencuat adalah tanda kehadiran siti
warna paras muka siti
dan tak ada yang lebih bersinar

sixteen kampungs — too big for a graveyard —
but you still made that grave marker
siti stood like a tombstone
marking death mutely
pilgrims coming as if were scholars
caressing siti, kissing siti
while the rest just chit-chatted

pain at the needle's point pulled siti together
stripes and mottles spreading across her body
prolonging weeping for the very sake of weeping
siti the walking gravestone
homesick for the mound
the eternal bedstead

a sudden explosion, an earthy fragrance
emerging from wet soil
siti's presence preventing in an instant
the petrification of roadside rows of trees
the river current stopping
thick
lumpish
a black colosseum of deep nooks and crannies
siti's appearance had become so pale
her breasts uncovered
her eyeballs red
siti's arms signaling grief
plotting revenge with clenched fists
marking a story's end
siti's head continually shaking, bringing everything down
siti's heart a cluster of dikes
a protruding earthiness signaled siti's presence
nothing there was more effulgent
than the hues of siti's face

selain batu yang tumbuh di sekujur tubuh
yang setiap pagi dihampiri embun
dijentiki kupu-kupu dan matahari
ya, matahari yang selalu siti nanti
matahari yang menitipkan sinarnya di tengah embun
yang menghampiri warna gelap
yang tumbuh di atas batu
cerita-cerita selalu hadir bersamanya
meresap lewat pepori
lir-mengalir
cah-berbuncah
menderas
menerabas belahan gugusan tanggul hati siti
bila ada kabar baik tumbuh
tetanggul itu akan tampak hijau
dan langit adalah lembaran yang tak habis-habis
setiap kali siti terbangun, bintang-bintang bicara tentang masa depan
dan semua yang menjadi harapan
tapi siti mulai kurang begitu menyukai
siti mulai menyadari betapa tubuh telah disesaki harapan
tentang suatu keberadaan di tanah gersang
sebuah keseharian dengan pekik dan gertakan
kepercayaan siti telah dibawa lari sekelompok orang
dia yang merobek sejarah kampung seperti memutus
layangan dari tali
ke manakah siti pergi, di manakah siti kembali
ke arah mereka siti tak sampai, ke arah kalian siti terabai
siti memang hidup seperti mereka
tapi siti tak tumbuh dari mereka
sumber siti kalian, tapi kalian tak mengalir bersama siti
siti bukanlah mereka bukanlah kalian
siti jauh terjauhkan
jatuh dalam ruang penuh reruntuhan
seluruh jejak hilang
tersisa hanya hamparan hitam

than the stone growing all over her body
than the dew visiting each morning
nipped at by butterflies and the sun
yes, the sun which siti always waited on
the sun entrusting its rays to the dewdrops
almost dark in color
growing on the stones
the stories were always there with her
absorbed through the pores
flowing, always flowing
alarmed, confused
in torrents
piercing the scores of clustered embankments in
siti's heart
growing when the news is good
and looking green
and the heaven a sheet without end
whenever siti awoke, the stars spoke of the future
and hope was restored
but siti was unhappy with this
siti sensed how her body was beginning to cram with hope
the possibility of existing in barren land
a daily life of shrieks and snarls
siti's faith and trust mob-hijacked
the ones who ripped up kampung history like cutting a kite from its string
where did siti go, where did she return
siti didn't reach them, on her way to you she was ignored
siti did indeed live as they did
but from them siti did not spring
you all were siti's source, but with siti you did not flow
siti wasn't them, nor was she you
siti taken far, far away
fell into a ruination all traces lost
only a black carpet remaining

sumur yang tergali jadi liang lahat siti
benih-benih lenyap bersama akar-akarnya
siti kini debu di tengah jalan dilimbung tiupan topan
kata-kata pecah-musnah, hancur dihantam lumpur
teriakan siti hanya bunyi tak termaknai
gerak siti jadi isyarat gelap
bahasa mengeras dan retak
o, nuh, bagaimana siti layari banjir lumpur ini
kapal jadi karam, dayung-kemudi macet-mancep
siti purba dalam derita, membatu dalam museum bencana
semua datang dan pergi meninggalkan siti sendiri
ke manakah siti pergi? di manakah siti kembali?
ke arah mereka siti tak sampai, ke arah kalian siti terabai
siti mencinta, tapi segalanya membisu seribu bahasa
siti kabarkan pada dunia bagaimana siti kagumi pepinggul
yang membukit hijau
rahim yang menghampar subur dan sabar
seluruh dunia menganggukinya,
tapi segalanya angkat kaki, pergi, lari
siti kini tak bisa lagi menggeleng untuk menolak sesuatu yang
hendak merusak
leher siti telah patah dan pikiran siti menggelinding
tanpa arah
ke jalan penuh kelokan, ke jurang mahadalam,
tak ada yang peduli
mulut-mulut telah mahir menyulap darah
jadi sekadar tinta mahamerah
tak ada lengan atau kaki melangkah
penggal leher siti dan hanya dengung membuncah
di mulut tanggul siti lihat negeri yang pecah

begitulah bunga petir, kembang tanda badai
kelopaknya menjalar, baunya halus mengabdi pada malam
begitulah bunga palereman, penjaga nenisan
perangkul bau lengur dari daging yang terkubur

the well became siti's grave
the seeds disappeared together with her roots
siti was now dust in the middle of the road, gusting in the whirlwind
words were smashed, destroyed, lashed by mud
siti's screams, only white noise
siti's gestures, dark signals
language hardened and cracked
oh, noah, how could siti sail this flood of mud
ship capsized, marooned, oars and rudder bogged
siti, ancient in suffering, petrified in a museum of calamity
everyone came and went leaving siti alone
where did siti go, where did siti return
siti never reached them, on her way to you she was ignored
siti loved but no one spoke a word
siti told the world how siti admired hips rising
like green hills
a womb that stretched flat, fecund and uncomplaining
the whole world nodded at her,
but they all took off, running
siti could no longer shake her head to reject
any thing destructible
siti's neck was broken, her thoughts rolled away
in confusion
along a winding road, into the deepest of chasms,
mouths were expert at turning blood
into merely the brightest of red ink
neither arms nor legs moved
to decapitate siti, only confused buzzing
at the mouth of the embankment
siti saw what was now a broken land

such was the lightening flower, its blossoms signaling the coming tempest
petals spreading, a delicate aroma serving the night
such were the flowers of the resting place, the graveyard guardians
embracing the lingering stench from buried flesh

o, aneka kenanga, bunga yang tertimbun lumpur
nasibmu adalah bahasa jawa
garis batik pada peta yang kehilangan motifnya
di banjar panji akarmu tercerabut
di mindi dedaunmu menghitam
di siring rerantingmu kering
tunasmu tak bisa lagi tumbuh
kemanakah mencari harummu, o, wewangian para peziarah
memayat ini merindu

tak ada yang tahu kapan sesuatu itu datang
meski semua tahu sesuatu itu pasti datang
dan siti membaca seluruh gejala, menghitung peristiwa
menafsir tetanda, menghubung-hubungkannya

rumah siti tak tersusun dari dinding dan pintu
tak jua jendela, atap pun tiada
tak ada ruang bagi tamu, membuat meja penuh sampah
tak ada ruang bagi keluarga, menyusun lantai penuh ceramah
bagi yang ingin bersihkan diri tiada ada kamar mandi
pun ruang bersuci penuh kaligrafi
seluruh pintu tertutup dan tak ada lobang bagi dunia
penuh perintah
rumah siti hanyalah liang
tempat tidur satu jalan
mengarah ke luar impian

siti hanya orang biasa, tak memiliki apa-apa
hanya gigih hati dan keras kepala
kenalkan kekanak pada yang nyata
itulah yang membuat siti tak pernah takut
kecemasan telah dirampas nasib buruk
apalagi yang perlu siti resahkan
siti tak punya apa-apa
harta, kebahagiaan, tak ada

oh, multiform cananga, flower under heaped-up mud
your fate is the javanese language
batikked lines on a map with a lost motif
at banjar panji your roots torn up
at mindi your leaves blackened
at siring your branches desiccated
your buds unopened
where to find your fragrance, oh scent of pilgrims
these corpses had such longing

no one knows when such a thing comes
but everyone knows that such a thing surely comes
siti read all the trends, counted the events
interpreted the signs, linking them

siti's home had no walls or doors
or windows, or even a roof
there was no guest room with a table covered in junk
there was no family room, with a floor garrulous with lectures
no washroom for those wishing to be clean
even the cleansing rooms covered in scribbles
the doors were shut, with no hole for
a command-filled world
siti's home was just a burrow
a road for her bed
facing outside the dream

siti was ordinary, fearless, owned nothing
just someone tenacious and stubborn
introducing children to the real
and the true
bad luck had snatched all care away
what else was there for siti to fear
siti owned nothing
wealth, none; happiness, none

dan tak ada yang lebih kuat dibanding siti yang tak miliki apa-apa
yang terenggut harta bendanya
yang dulunya bernapas di kampung tenang
lalu terjengkang, tersuruk di pinggiran, di kekumuhan,
di memulut gang
mulut yang seperti lobang kakus menjulur dari anus-anus
anus yang semburkan kotoran ke wajah siti
yang tersisa hanya sampah dan mulut siti yang menganga
mulut yang memanggil nama
nama yang pernah membara namun padam menanggul hitam
diinjak-injak sepatu
sepatu yang berbunyi tik-tak seperti detak waktu
yang terus mengulang lagu kehilangan
lagu hidup siti

dulu siti bahagia, sekarang tidak
siti tak lagi rasakan pelukan
hanya tapukan
teguran jadi ancaman
tak ada payung saat hujan lumpur tenggelamkan kampung
bahkan tuhan
benteng terakhir siti hanya surat tak berbalas
semua meremukkan siti lewat jubah hitamnya
pepalu itu, rerambu itu, sesurah itu
dulu siti bahagia, sekarang tidak
kepala siti diremukkan
lidah siti dirajang
kemaluan siti dipatungkan
tubuh siti bantal guling tak pernah dicuci
melengkung teronggok di pojok tanggul, sunyi
angin membuat tangan siti terkulai
siti gemetar memuntahkan kenangan
siti tak lagi bisa menangis di altar atau di pangimaman
siti tak lagi bisa mengaduh
siti meratap di sembarang tempat

there was none stronger than siti who possessed nothing
who had had all goods and property stolen from her
who once took breath in a peaceful kampung
lying flat on her back in slovenly outskirts,
at the mouths of lanes
mouths like latrine holes sticking out from arses
arses spraying filth into siti's face
of which nothing remains but garbage and siti's gaping mouth
a mouth calling a name
a blazing name now extinguished, damming up the darkness
trampled by shoes
shoes going *tik-tak,* just like the beat of time
keeping on repeating songs of loss
songs of siti's life

siti once was happy, now no more
siti is slapped,
not embraced
reproaches turn into threats
no umbrellas open when muddy rain submerges the kampung
even god,
siti's last fortress, leaves a letter unanswered,
everything crushes siti, penetrating her black robe
that hammer, that sign, that surah
once siti was happy, now no more
her head crushed
her tongue minced
her genitals sculpted
her body an unwashed bolster
curled at the side of the embankment, a desolate
wind making siti's hands droop
siti trembles, spewing memories
unable to weep at the altar or at mihrab
unable to keen and moan
siti laments where she can

di jalanan, di depan gedung dewan, di pagar rumah orang,
di hamparan lumpur menggenang
siti mengeluh bukan lagi pada tuhan
keyakinan siti terinjak kursi
siti bersujud tidak dengan kening, siti hanya melengkung
menahan hempasan angin
tapi permintaan siti suci:
jadikan gemetar tubuh siti sebagai energi
jadikan cengkeraman di perut siti sebagai cambuk
akan siti tadah air mata
siti jadikan bekal air minum dalam pencarian
sebuah kampung penuh bunga
dengan kursi yang ditatah bebait puisi
di mana bantal guling, tubuh siti
bisa mendapatkan kasurnya kembali
o, betapa susah siti bernapas
betapa pikiran siti buta dan seluruh sejarah jadi
kutuk-serapah
dulu siti bahagia, tidak sekarang
siti tak butuh pikiran yang menindih pikiran
beri siti ruang kosong daripada penampungan penuh pagar
siti hanya ingin bahagia
tidak hanya dulu tapi sekarang juga dan selamanya

siti tetap berjalan ke arahmu
meski keyakinan tinggal abu
siti terus berjalan menujumu
meski pintu penuh penjaga berpeluru
siti datangi kau
yang bersemayam di kursi goyang
yang memberi kemungkinan segala
tingkah dan arah, yang dikelilingi azimat anticelaka
kepadamu, hanya padamu siti memburu
meski teriakan siti tak akan menyentuhmu

along the road, before the council building, at a stranger's fence,
in a field of rising mud
siti gripes, but no longer to god
a chair rammed onto siti's convictions
siti bows not in prostration, only bending forward
battening down against the gusting wind
but siti's prayer remains pure:
transform my body's trembling into energy
charge the clenching in my gut into a whip
i will capture tears
i will provide drinking water in the search
for a flowery kampung
featuring chairs inlaid with verse
and also providing bolsters, so my body
could enjoy a mattress
oh, i am struggling to breathe
my thoughts run wild, my entire history
seems nothing but cursing and swearing
once i was happy, now no more
no need of thoughts piling on thoughts
give me empty space not a fully fenced-in shelter
i want only happiness
for past, present, and forever

siti keeps walking in your direction
though her convictions are now but ashes
siti kept walking toward you
though the door was manned by guards with bullets
siti is coming to you
sitting on a shakey throne
ensuring all kinds
of attitude and directions, surrounded
by talismans warding off calamity
siti hunts you and only you
though her shrieks will not touch you

tapi alangkah pendeknya kepala
siti telah diperbudak diri sendiri
menangkap waktu tanpa melaju
hanya teriak dan nadah
hati diringkus cemas
lengan ditawan kelam dendam
langkah terantai sejarah muram
pada denting jam, bedug, dan lonceng
siti tak pernah bisa membuka mata

kelopak retak, angin membuatnya terombang-ambing
tak seorang pun hirau
kumbang terbang, hinggap di kelopak retak
tak seorang pun mau tahu
lengan siti mengepak
wajah siti tengadah
tubuh siti berputar
siti menari seperti darwis
tapi tak ada yang menggubris
siti lupa kapan terakhir kali tertawa
sebab yang ada hanya ratap dan duka
ingatan siti dipenuhi buih pilu
biduk harapan meluncur dalam laut lumpur tak berdebur
siti adalah tali yang menanti lain tali
untuk disebut ikatan
siti adalah tangan yang menanti lain tangan
untuk disebut pegangan
siti tergantung pada yang lain
untuk disebut seseorang
siti terlepas dari pokok dahan naungan
siti terjatuh di pinggir jalanan
tersungkur di celah paving trotoar
dari tanah kembali ke tanah
dari tanah jiwa siti kembali berkecambah

but how short her head is
siti has enslaved herself
seizing time without progress
shouting and holding in cupped hands
a heart taken captive by worry
arms held fast by dark vengeance
steps chained to a gloomy history
at the watch's tick, a thud of the mosque drum, and clanging of the bell
siti can never open her eyes

torn petals, the wind sending them floating off at random
indifference reigns
bees fly, landing on these scattered blooms
and no one wants to know
siti's arms flap
siti's is facing upward
siti's body turns and turns
siti dances like a dervish
no one pays her the least mind
siti forgot the last time she laughed
lament and suffering is all there is
siti's memory is filled with melancholy froth
the dipper of hope slipping into the silent sea of mud
siti is a string awaiting another string
to be known as a bond
siti is a hand awaiting another hand
to be known as a a grasp
siti depends on another
to be called a person
siti, cut loose from the tree with its sheltering branches
siti fell at the side of the road
headfirst onto the crack in the sidewalk paving
from earth returning to earth
siti's soul returned to germinate

pagi menggulung karpet hitam
membuat dataran halus bergelombang
cahaya meretakkan lumpur kering
membuat lelempengan
tubuh lumpur kering melengkung
berpisah dari yang basah
gegaris terbentuk seperti jahitan brodol
luka kering menganga
menunjukkan bagian yang masih basah
jauh di dasar luka selalu menyimpan bagian basahnya
orang membuat tanggul
seperti mengobras potongan kain
agar rangkaian benang tak memburai
namun selalu ada lelobang lain
yang meski kecil dan tersia
siap membuat robekan barunya

matahari menampakkan sabuk batu
rel kereta kembali dibuat
jalan layang kembali dibuat
kendaraan terus lewat
meski merambat
pagi seperti senja
hanya dingin dan kelam yang bertambah
siti diam menerawang
bebulir air berjatuhan
musim menjelma tanda yang susah dibaca
seperti raut wajahnya seperti dunia
dan siti diam menerawang
seperti menunggu isyarat bebatuan
hujan memintal dedebuan, mengental
darah siti hitam
mata siti muram
pikiran siti kelam
seluruh hidup suram

the night carpet rolled up at dawn
delicate waves brought to the flatlands
light cracked the dry mud
making slabs
a curved body of dried mud
separate from what was wet
lines formed like worn-down seams
a dry wound gaped
and showed where it was still wet
far down inside the wound always stored a part that was wet
people constructed dikes
as if overstiching a cut of cloth
so there'd be no unravelling of threads
but small holes continued to appear
threatening to rip and tear

the sun exposed a belt of stone
of a railway reconstructed
of an overpass rebuilt
with vehicles constantly overtaking each other
even if just creeping along
mornings were like dusk
with its chill and growing darkness
siti is quiet, just daydreaming
among beads of cascading water
the season embodying obscure signs and signals
like those faces, like the world around her
and siti is quiet, baffled and puzzling
as though awaiting signs from the stone
rain spinning the dust, thickening,
blackening siti's blood
siti's eyes are gloomy
siti thoughts are dark
her entire life having been so grim

hidup yang hanya diterangi kilau kilat
nyata sekejap, lebih lama gelap
tak ada cinta, tak juga dosa
seperti peluit ditinggal telinga
mulut lepas dari kepala
kelam melesatkan gemuruh hujan
lelumpur gembung
tetanggul melembung
tubuh siti, sudet
tubuh siti, seset
luka tak sudah-sudah

siti cium derak ajal dari langit, berdetak
di dedaunan, berdetak
di reranting, berdetak
di sekujur pohonan, berdetak
di badan jalan, berdetak
di rerumputan, berdetak
di akar-akar, berdetak
di dasar tanah, berdetak
siti gemetar dalam ceruk kamar
menggerongi wajah gelap bumi
tudung bagi cahaya

lambung siti pecah
sabuk batu tak mampu menahan ngilu
hanya abu dan hangus bau
di tengah hujan kelam
memorak-porandakan impian
pada bunyi halilintar siti besandar
bunyi cempreng dari sumber yang bopeng
kaki siti leleh
mulut dipenuhi suara katak
akar hitam menjalar liar
kematian tumbuh dalam tubuh
kematian yang hidup dan bergerak

only brightening when lightening briefly flashed
the rest darkness
there is no love, nor sin
like ears ignoring a whistle
like a mouth detaching from the head
darkness lets loose thunder and rain
mud bloats
dikes swell
siti's body, pushed away
siti's body, peeled off
recent wounds unhealed

siti smells heaven's crack of doom, beating
on the leaves, beating
on the branches, beating
throughout the entire tree, beating
along the roadway, beating
in the grass, beating
among the roots, beating
at the base of the soil, beating
siti trembles in a corner of the room
piercing the dark face of the earth
a veil for light

siti's flesh splits
pain punches through the stone belt
only ash and scorching smells
in the middle of the gloomy rain
shattering and ravaging dreams
siti depends on the sound of thunderbolts
the shrill sound from potholes and springs
siti's legs melt
her mouth fills with the barking of frogs
black roots expand wildly
death is growing within the body
death, creeping and alive

tuhan adalah pohon jati di hamparan lumpur
limbung dihembus angin

di kampung ini, matahari hanya bunga
bulan jatuh mendiami lubang vagina
bintang jadi emblem di tengah tepuk tangan meriah
angin berhembus dari hidung
mulut dan dubur
tak ada kabar, seluruhnya kabur
o, lempung yang becek
kampung beratap ajal

meleleh pelan kelambu lumpur
memekatkan wewarna pada kelam
gerak berhenti, sunyi
menggulung patung, dunia
telah menjadi penyendiri
jerit siti mematung di atas lumpur
menanti nujum
memeluki jeruji matahari
berkemul angin
kau yang siti cari bermandi gelap
dalam dekap bebatuan

kekasih, hentikan samadi
jenguklah bibir ini
sedetik saja, usap punggung ini
dan isyaratkan bahwa kau
tak pernah dan tak akan pernah meninggalkan
seperti nubuat kiamat bagi dunia

o, mayat yang dibasahi lumpur
berikan ilhammu
masa depanmu menghantu

in this kampung, where the sun is only a flower
the moon falling and dwelling in a vaginal shaft
stars, emblems at the centre of lively applause
wind wafting from the nose
mouth and anus
there was no news, everything was unclear
oh, muddy clay
doom hovered over the kampung

mud slowly trickling down the mosquito net
coalescing colors in the dark
all activity stopped, quietly
rolling up the sculpture, the world
was now abandoned
with siti's cries frozen in the mud
awaiting the prophecy
embracing the spokes of the sun
wrapped in wind
siti sought you out, but you were bathed in darkness
bathed in a rocky embrace

beloved, quit your meditations
visit these lips
just for a moment, stroke this back
signal that you
never have, never will leave
in this doomsday prophesy for the world

oh mud-drenched corpse,
impart your science
your future haunts us

merambat di muka tanah
lahan layaran nuh telah tumbuh
rindu menggerogoti nyawa siti
o, pengerong, tak ada yang mencintai bahkan dunia
letusan demi letusan menggiring siti
pada jaring ketiadaan
lembah hitam tanpa cahaya dan bebayang

tubuh siti penuh rajah dan dedoa mulia
sebuah kitab suci yang terbuka
namun ribuan kaki membacanya
napas siti adalah mesin luka
ingatan jadi sirine tanda bahaya
o, jiwa tersesat membusuk
di jasad siti penuh gumuk
mengutuki hidup sendiri, sepi
tanpa cinta dan dunia

siti telah mati sejak kampung ditelan bumi
meski napas siti mendengus dan suara siti mendengung
bukan soal pengganti celaka yang siti geledah
dunia telah selesai bagi seorang mayat
hanya jawaban dan pengakuan pada sebuah kebenaran yang siti butuhkan
hingga siti mudah masuki pintu gerbang, itulah dambaan
selama belum dapat, dengus napas, dengung kata,
selamanya membahana
ingatlah, rasa sakit tak lagi berarti bagi siti
waktu tak bekerja di tubuh siti

tak ada yang tahu kapan sesuatu itu datang
meski semua tahu sesuatu itu pasti datang
dan siti membaca seluruh gejala, menghitung peristiwa
menafsir tetanda, menghubung-hubungkannya

crawls on the ground
the lands where noah sailed had grown
longing gnawed at siti's life
oh, singer, no one loves, not even the world
explosion after explosion drove siti on
into the net of nothingness
a dark valley without light or shadow

siti's body, covered by runes and noble prayers
a holy book opened
and thousands of feet read it
siti's breath rasped like a wounded machine
memory was but a siren calling out danger
oh lost soul rotting
in the body of siti full of lumps and outcroppings
cursing her own lonely life
without love or world

siti has been dead since the kampung was swallowed by the earth
even though siti's breath still sputtered and her voice droned
it wasn't compensation for the disaster that siti endlessly sought
the world had ended for a corpse
siti only required a response and acknowledgment of the truth behind this
she longed for this until she'd calmly pass through the gate,
until siti achieved this, snuffling breath and droning words would resound
forever
remember, pain no longer meant anything for siti
time no longer worked in siti's body

no one knows when such a thing comes
though everyone knows that such a thing surely comes
siti read all the symptoms, counted the events
interpreted the signs, connected them all

matahari diserang gerhana
bulan gagal mantulkan sinarnya
langit terbelah, bumi membuncah
bah dari segala arah, mahapralaya
inikah saatnya, kinikah waktu datangnya sesuatu yang pasti itu
yang tak seorang pun menahu

berkirim doa bagi leluhur di hamparan lumpur,
tangis siti tertahan
sebab siti tak ingin menambah luapan
siti tidak terluka, sitilah luka
seluruh amarah tersimpan dalam kantung karung yang dijajar
sebagai tanggul
napas siti terbekap, menghindar dari kepul asap
siti bukan pendendam, sitilah dendam
tubuh siti merayap membawa rantang di jalanan
meniupi peluit agar pejalan melempar sekeping harapan
siti tidak mengiba, sitilah iba
makanan siti tidak tersaji dalam piring
makanan siti terbungkus koran yang menulis teriakan siti
teriakan yang kembali siti makan
siti tidak menderita, sitilah derita
siti bernyanyi dalam lumpur
lagu siti gelembung
angin memusikkan bebotol di pepohon
dengan pukulan bebatuan
suara siti gerimis memancali tanggul
memanggili bulan bertudung mendung
kenalilah luka ini, lambung yang terbakar

kemabukan melimbungkan seluruh alam
dengarlah lagu ini, syair rintih tersayat sunyi
sunyi yang diembuskan ketakpedulian
solilokui pepatung lempung
siti menari dalam himpitan bumi

the sun scathed by an eclipse
the moon's beams failed to glow
the skies split, with the earth in upheaval
floods gushed in from all sides, the great extinction
had found its moment, what was coming was now inevitable
though humanity was oblivious

as she offered prayers to the ancestors on this muddy carpet,
siti held back tears
siti did not wish to add to the deluge
siti was not wounded, siti *was* the wound
anger stored in bags and sacks lined up
like an embankment
siti stifled her breath, avoiding the billowing smoke
siti was not pursuing revenge, siti *was* revenge
siti's body crawled along the road dragging a food box
blowing a whistle with the idea that passersby might toss
her a sliver of hope
siti was not compassionate, siti *was* compassion
siti's food was not served on a plate
siti's food was wrapped in a newspaper reporting about siti's screams
screams that siti swallowed once again
siti did not suffer, siti *was* suffering
siti sang in the mud
siti's song rang out
the wind made music of bottles tied to trees and struck by stones
siti's voice streamed down on the embankment
summoning the cloud-veiled moon
oh recognize this wound, this burnt flesh

the universe is shaking with intoxication
oh listen to this song, this lonely soughing verse
loneliness blown about by indifference
a soliloquy of clayish statuary
siti danced in the earth's crushing embrace

igal lampion di musim angin
benturan dan cekikan adalah tambur
komando bagi sendi yang loyo
o, bumi yang berguncang, semburan yang tak mau hengkang
dari pikiran
panggung tarian, dengarlah lagu ini, nyanyian siti
yang tersembunyi
kesenangan ini tak perlu dibagi
pesta yang hanya bisa siti mengerti

menyusun kembali tubuh, lempung yang dilaknati surga
mata malam, bibir jurang kelam mahadalam
pinggul tikungan berkabut legam
payudara bunderan hitam di hamparan mendung suram
terpeluk hilang, terlamun menyerang
siti serdadu ditembaki bebayang, pulang bersama kekalahan
nama tak dikenang, mencari alamat baru, rongga bumi
mengisap tangan dan membayangkan asap mengepul
menelan ludah dan membayangkan anggur
dunia terbentuk dari keping ingatan
hanya kenangan merembes dalam gegulung gelap
timbunan lumpur mahapekat

pedang telah patah, peluru zonder mesiu
mulut rapuh, pikiran beku
senjata siti kini hanya waktu
siti tunggu kalian, hai, para penggali
merampak dengkur panjang ini
mendongengkan keteguhan di timbunan lumpur ini
tapi ingatlah, musuh akan selalu datang dan menyerang
musuh akan selalu memburu dari seluruh penjuru
waktu tak akan memberitahu, dia telah bersekutu
pada suara tokek pun siti harus berhitung

the dance of a lantern during the windy seasons
drums signifying only conflict and throttle
a command for listless joints
oh quaking earth, torrential eruptions incapable of fleeing
from thoughts
of the dance stage, oh listen to this tune,
the song of siti concealed
this pleasure need not be shared
a gala that only siti could comprehend

reshaping the body, by heaven-cursed clay
night eyes, lips a chasm of deep dark
of black misted curving hips
breasts, black globes in a carpet of gloomy rainclouds
those you embraced, or daydreamed, disappeared,
attacking shadows shoot at siti the soldier, returning in defeat
a name forgotten, searching for a new address, a cavity of the earth
sucking on the hand and picturing smoke billowing
swallowing spit and imagining wine
the world forming from shards of memory
seeping into a dark coil
hills of densely packed mud

only a broken sword, powderless bullets remained
with only a frail mouth, with frozen thoughts
siti's sole weapon was time
siti waited for you, oh you diggers
assaulting this long sleep
conjuring fairy tales of fortitude in this mountain of mud
but do remember, the enemy will always be on the attack
the enemy will always come hunting from all directions
time won't tell, it has made its alliance
siti must count even the chirps and clicks of geckos

sekarang, esok, sekarang, esok
membuat siti ngos-ngosan sebelum pertempuran
yang sebenar pertempuran
siti terus bertahan dalam benteng pertahanan yang membuat
siti seperti tahanan
siti terpaku pada sesuatu yang siti tunggu
sesuatu yang telah menjadi diri siti sendiri
dari dalam dia nggerogoti
dahaga dan rasa lapar yang tak berkesudahan
dan ingatlah, semua akan mati
tidak oleh senjata, tidak oleh mesiu, tidak
benda mati tak akan hidup sendiri
dan mematikan
waktu tak mungkin menumbuhkan kematian
dia hanya pejalan yang bisa saja setia
menato tubuhnya dengan nama-nama
bisa pula dia pergi, mencuri nama-nama
dan tak kembali
dan siti tak akan bisa mematikan siti sendiri
seperti tombol yang menombol tombolnya sendiri
napas tak bisa menjadi bukan-napas
sebab tiada napas selain napas
kematian bukanlah kepergian
kelahiran bukanlah kedatangan
rumah adalah rumah
semoga tuhan memantapkan hati siti

kekosongan yang menyembur dari sumur hanya ilusi
jalan di muka pintu yang diteriki matahari
siti akan bertahan di lingkar tanggul
meski angreman telah mungar sebelum jadi
jika semua pulang, sungguh akan mengerti
sebab kematian bukanlah kepergian

now, tomorrow, now, tomorrow
leaving siti breathless before battle,
the real battle where
siti held out in the fortress holding
her a prisoner
siti was fixated on what was to come
something embodied within her
gnawing from within
with unending thirst and hunger
aware that all will die
not by weapons, or gunpowder
as a dead thing cannot come to life on its own
or be lethal
impossible for time to grow death
she was only a loyal foot soldier
her body tattooed with names
she could also steal names and leave,
and never return
siti would be unable to kill herself
as if she was a switch switching itself off
breath cannot become not-breath
there being no breath apart from breath
death is no departure
birth is no arrival
a home is a home
may god make siti steadfast

emptiness flooding from the well is but an illusion
a sunbaked road in front of the door,
siti will hold out around the dike
even if the nest is deserted before hatching
if everyone returns home, they will truly understand
the cause of death is not the setting out

kelahiran bukanlah kedatangan
rumah adalah rumah
semoga tuhan memantapkan hati siti

di sini, 50 tahun nanti
sebuah bukit akan tampak meninggi dan ditinggali
rerumah mewah, vevilla, mungkin pula sebuah istana dengan
tetamannya yang megah
dan hanya satu orang yang punya, hanya satu keluarga saja
semoga surga bersama mereka
di sini, 50 tahun nanti
ketika kau, sesaudaraanku yang hidup sesudah siti yang mati
berada di sini
ingatlah sajak ini
di sini, jauh sebelum 50 tahun seperti saat ini
nyatalah hampar pekarangan, perkampungan
semoga surga bersama mereka
lalu berlonjor-lonjor mata bor, berputar, memusar, menggetar
pada suatu malam di pusat pekarangan
gegelembung bermunculan, berletupan, bersusulan
air bercipratan, memancur, menyembur bercampur lumpur
fountain hitam
ratusan rumah, ribuan jiwa, berjuta kisah terkunci jadi pondasi
di sini, 50 tahun nanti
mungkin tak ada lagi sesuara
mungkin sejarah menulis kisah berbeda
tapi dengarlah desis yang muncul di malam hari
lewat kerisik angin di dedaun palem di kericik air mancur
di tengah taman atau igauan seorang tua di depan
tungku perapian:
jangan kau teguk kopi hitam
di dalamnya kulihat banyak tubuh tenggelam
maafkan aku, maafkan seluruh keturunanku
semoga surga bersama mereka

birth is no arrival
home is a home
may god make siti steadfast

here, fifty years on
a high hill will appear at the site of
sumptuous houses and villas, perhaps
a palace with grand parks
and just one person owning it, just one family
may heaven be with them
here, fifty years from now
when you, my people, living after siti's death, are here
do remember this verse
here, long before, at this moment
there was a yard, a village
may heaven be with them
then the drill protruded, turning, twisting, vibrating
one night in the middle of the yard
bubbles endlessly sprouting, exploding,
water splashing, spraying, spewing, churning with mud
a black fountain
hundreds of homes, thousands of lives, millions of stories locked in,
the foundation is here, fifty years on
perhaps there will be no more voices
perhaps history will write a different story
but listen to the hissing sound coming out with the night
through the rustling wind in the palm fronds,
in the babbling of fountains
in the midst of gardens,
or the prattling of old folks before their fireplaces
just don't go gulping down black coffee
for i see many sunken bodies
forgive me, forgive all my descendants
may heaven be with them

di sini, setelah 50 tahun berlalu
sejarah jadi hantu dan penyesalan hanya nyanyian
seseorang tua
semoga sorga bersama mereka

*

here, after fifty years
history becomes a ghost, and regret,
only the singing of some old duffer
may heaven be with them

*

II

karena aku terlahir dari bencana, dari keluarga begitu rupa,
maka namaku adalah doa,
siti jamilah tepatnya, lambang kesuburan dan keindahan
(kata orang tuaku)
tapi aku tak percaya itu, aku ingin tafsir yang lain
aku tak mau sekedar ayu, aku mau cantik, aku mau seksi, aku
mau wah, lebih dari indah
aku juga tak mau kesuburan tanahku dikapling
bapakku, ibuku
kakek-nenek-paman-saudara-saudaraku
aku mau tanahku dibebaskan
maka kuganti saja amsal riwayatku:
namaku siti, siti surabaya tepatnya, sebuah lahan pesta

derap langkah menyibak rerumputan menjadi jalan
rerawa belantara yang dulunya penuh buaya, ikan sura, kecebong,
ular berbisa
dipenuhi para buangan: orang gila
penderita kusta, narapidana, orang cacat, kecu, begundal,
tawanan perang, *straafkolonie*
membentuk pelabuhan, rumah tinggal, rumah singgah,
rumah bersalin, rumah jompo, rumah toko, rumah makan,
rumah sakit, rumah kecantikan, rumah pelacuran,
kamar dagang, rumah jagal
sebuah kehidupan
dan seperti kavaleri, siti bergerak menembus angin,
menerabas kemacetan
jalan-jalan lempanglah, pintu-pintu terbukalah, *bismillah*
niat siti satu, arah siti satu
jalan-jalan lempanglah, pintu-pintu terbukalah, *bismillah*
siti bukan pencuri, siti bukan perusuh, siti bukan pengacau

II

because i was born out of disaster, from such a family,
my name is prayer
siti jamilah, to be precise, symbol of fertility and beauty
(so say my parents)
but i don't believe it, i want a different reading
i don't want to be merely beautiful, i want to be attractive, i want to be
sexy, i want to be wah!, more than beautiful
i don't want the fertility of my land to be parcelled out
by my father, my mother
my grandpa-grandma-uncles-brothers and sisters
i want my land to be freed
i shall change the metaphors and similes of my story:
my name is siti, siti surabaya, in fact, a place to party

steps pound the grass into roads
virgin swampland once home to crocodiles, sharks, tadpoles, and
poisonous snakes
is now packed with outcasts: crazies,
lepers, criminals, freaks, robbers, thugs, prisoners of war, penal colony
convicts
building harbors, homes, halfway houses,
maternity wards, old folks homes, shops, eateries,
hospitals, beauty parlors, bordellos,
chambers of commerce, slaughterhouses
a life
and, like the cavalry, siti pierces the wind
and forces through the gridlock
roads, run straight; doors, open; *bismillah*
siti has one intention, siti has one direction
roads, run straight; doors, open; *bismillah*
siti's no thief, siti's no troublemaker, siti's no malcontent

siti menyandang luka nasib dari dunia yang dikucilkan: kampung halaman
bismillah
siti datang dengan damai, terima siti dengan damai
bismillah
anak-anak siti tinggalkan di kejauhan
air mata siti simpan dalam dada
siti berangkat dengan tekad bulat
bismillah
berubahlah garis tangan, terbukalah gegerbang, pepintu, jalanan
bismillah
siti tak ingin mati di tengah jalan, siti tak ingin mati di
pinggir jalan
siti ingin menuntaskan perjalanan
hingga anak-anak berdekatan, hingga air mata tumpah
di senyuman
hingga garis tangan berubah menjadi rumah, *bismillah*
menjadi sorga

siti pun meniti jalan, jalan ketandusan
ada uang silakan tanam, tak ada uang?
silakan rebut dengan kayu, batu, paku, palu, arit, clurit,
berang, pentungan, sadukan, bogeman, kenthuan, selintutan,
kepung-kepungan
atau tukar guling saja sama yang di atas sana
itu lebih mudah
rerawa dikapling dijual-obral serampang-gampangan

ji walang kaji kukuk beluk, dem dem
cang kacang lombok abang melungker
siti nang kali, bagong nang embong
*siti njaluk rabi tak olehno kucing garong**

---

* Dari sebuah lagu dolanan anak-anak

siti bears the wounds of fate from an exiled world: house and home
bismillah
as siti comes in peace, receive siti in peace
bismillah
siti has left her children in the distance
her tears stored in her breast
siti sets out with determination
bismillah
lifelines change; gates, doors, streets open
bismillah
siti does not want to die in the middle of the road, siti does not want to die on the
side of the road
siti wants to complete the journey
with her children beside her, with tears spilling
into smiles
with palm lines turning into homes, *bismillah*
turning into heaven

siti traces desolation road,
if you have money, please put it to work, you don't have money?
please get to it with wood, stones, hammers, sickles, maduran scimitars,
sumbawan straight blades, cudgels, kicks, punches, muscles, trickery,
encirclements
or just swap with those options
that would be easier
marshlands partitioned, practically given away, just like that

a grasshopper studies an owl, unh-hunh
beans and red chillies snuggle together
siti on the river, a wild boar on the dike
*siti asked for a wife and got a thievin' old tom**

---

* Part of a children's play song.

siti melompat dari belukar ke peluk makelar
meski siti tahu makna profesi itu, siti pun tahu hanya itu
sesatunya pintu
siti putuskan tak pakai kebaya lagi
siti pakai rok mini, baju mini, sempak mini, kutang mini,
hati mini, isi pikiran mini
siti yang mini telah berubah jadi *city*
siti adalah *city* dan *city* adalah siti
siti bergelut dengan *city*, *city* berebut merenggut siti
mereka saling jepit, saling gesek, saling tekan
jempalikan
siti melotot hampir *mecotot*
susunya ndongak, bokongnya bengkak,
wajahnya dipermak penuh bedak
eeee...*city* sengak malah teriak:
maju perut pantat mundur!

pada aspal mendesis, pada mesin menderu, pada teteriakan pilu
sungai memperdengarkan rintihan
kata-kata lenyap ditelan aum amukan
bahasa hanya gebuk dan pentungan
bagi yang berada lima kaki dari jalanan, ini bukanlah tawar menawar
pada gemeretak erang pepapan, pada terpal terkoyak,
pada sepatu mencengkeram
dentum aum amuk massa
kata tinggal huruf vokal, bahasa tak ubahnya barang haram
bagi yang berada lima kaki dari jalanan,
ini bukanlah tawar-menawar
tetubuh tertunduk, tetubuh takluk
seperti doa, seperti aum tak terima, seperti tiada
bagi yang berada jauh lima kaki dari jalanan, bacalah pesan di mata siti:
anak-anak adalah ingatan

kalian pun menyuruh pergi ketika siti hendak
merayakan kemerdekaan
siti tak akan pergi

siti leaps out of the backwoods into a pimp's embrace
though she well knows what that means,
siti also knows it's the only door available
siti decides to no longer wear a *kebaya*
siti wears a miniskirt, a mini-jacket, mini-panties, mini camisole,
a mini-heart, a mini-mind
mini-siti becomes a city
siti is the city, the city is siti
siti wrestles with the city, the city grasping and snatching at siti
they pinch each other, rub each other, press each other
topsy-turvy over they go
siti stares, eyeballs bulging
her breasts perky, her rump curving,
her powdered face a new look
eeee...the city stinging, even shouting:
in front with the gut, stick out the ass!

asphalt hisses, machines thunder, dolorous shouts and cries
the river broadcasting a sad chorus of moans and groans
words disappear, swallowed by frenzied roars
where the only language is beating and clubbing
for those five feet from the road, this isn't bargaining
on creaking, groaning boards, on torn tarpalins,
on shoes that cramp
the exploding masses' frenzied roar
nothing in words but vowels, a language that's forbidden
for those five feet from the road, this is non-negotiable
bent bodies, subjected bodies
as if in prayer, an unacceptable roar, nothing
for those five feet from the road,
but read the message in siti's eyes:
the children are memory

and you even tell siti to move off from
celebrating independence day
siti will not budge

tapi kalian siapkan ratusan orang berseragam
membawa anjing, eskavator dan pentungan
kalian paksa siti tinggalkan rumah sesaat sebelum puasa dan
lebaran datang
siti tidak akan pergi
bagaimana mungkin meninggalkan ruang
di mana sejarah dibesarkan
siti telah memiliki banyak teman bermain
bahkan telah mulai mencintai dan mengikat janji
dengan alasan apa, dengan pertimbangan bagaimana
siti memutus cinta, ikatan janji dan sejarah
kesalahan siti bukan lantaran menempati tanah sengketa
tapi lebih karena kecurangan
memang, siti tak memiliki alat sebanyak kalian punya dan
hidup siti taruhannya
tapi ingatlah, mungkin kali ini kalian menang
tapi lain waktu, anak-anak siti lebih setia memegang
teguh sejarah
darah keluarga

siti pun lari di antara dua sungai di sepanjang muara delta
tapi airmata tak jua terhenti
siti berada dalam sebuah arena pertunjukan yang roboh
siti seakan tak peduli seluruh arena dirobohkan
siti tak peduli
hidup siti berputar antara kenyataan dan mimpi
dunia hanya kertas buram yang tercoreng kata
malam memanjang, siang hilang dalam kebisingan
waktu serupa tetes air kran di kegelapan
cakap siti berloncatan dari jalan ke jalan
membungkus segala sentuhan
hening menyergap seperti hati yang meledak

sebuah kunci tiba-tiba mengambang di pikiran
dan pepintu menganga

but you ready hundreds in uniform
bringing dogs, excavators and billy clubs
you evict siti right before the fasting month and
when lebaran's great day arrives
siti will not budge
just how would she vacate the space
where history was honored
siti has had many playmates
beginning to love them, binding them with promises
which for whatever reason, with whatever consideration
would she abandon the love, the bonding promises and history
siti's error was not from occupying disputed land
but more from the dishonesty of others
of course siti owns fewer gadgets than you,
while her life is at stake
still, remember, perhaps you all will win this time
but in the future, siti's children will be devotees
of family blood,
of holding fast to history

siti runs between two rivers coursing the whole delta
tears continue to fall
siti, alone in a collapsed arena
seems indifferent to its demolition
she no longer cares
her life revolving between reality and daydreaming
the world, nothing but scratch paper daubed with words
the night lengthens, daylight disappearing in cacophony
time a dripping tap in the dark
siti jumping nimbly from street to street
wrapping up everything she touches
calmly pouncing like an exploding heart

suddenly, a key floats into her mind,
doors gape open wide

tapi tak ada tenaga
semua berlintasan tanpa ada yang mengendalikan
semua berjumpa untuk tak menjadi apa-apa
itulah cinta siti pada hampa, nganga
hening pekat yang mengikat gelap

siti terus berlari ke selatan, ke pantai utara
dari gentengkali sampai ujung yang baru
menginjak lempung kering ampo hingga hutan wangi
tapi batas telah digariskan
di mana semuanya harus dibubarkan:
terusir dari tempat tinggal

tak ada yang bergerak ketika kabar yang kerap didengar itu menjalar
ketika batas telah tuntas dan palu diketukkan
seluruhnya meruyak, mengemas yang terserak dengan
mata terisak
siti tahu tanpa perhitungan menempati ruang kosong terlantar
tapi perlakuan kalian lebih gegabah, membiarkan dan tak menghentikan
kau anggap siti pengganggu, perusuh
kau perlakukan siti seperti benalu, seperti panu
kau siram siti dengan siksa agar segera musnah
kau pangkas, kau gosok-gesek dengan ampelas agar tampak
halus dan mulus
tapi akar siti kadung menjalar liar melingkar-lingkar
akar yang lahir dari kisah perlawanan, penggusuran, pembantaian
sejarah teriakan, rintihan, dan tangisan
sejarah yang menjadi detak jantung siti
detak jantung yang melahirkan anak-anak siti
anak-anak yang terus membawa detak jantung dari sejarah penuh luka
sejarah yang tak terobati
sejarah yang hanya dipandang sebagai benalu, panu, kudis,
kurap, jerawat

unfettered objects passing through
everything meeting to end up as nothing
that's siti's love for the yawning void,
dense stillness binding the darkness

siti runs straight south to the north coast
from gentengkali to ujung baru
treading on dry red clay,[*] until the forest grows fragrant
but boundaries have been drawn
everyone must be scattered and dispersed,
evicted from their homes

no one moves when the oft-heard news spreads
when the borders are staked out and the hammers come down
they all disperse, packing up scattered belongings
with sobbing eyes
siti knows instinctively how to occupy abandoned space
but your actions are speedier, uncaring, unrestrained
for you siti is nothing but a pest, an inciter
nothing but a parasite, like ringworm
you bring on hoses to quickly exterminate her
you shear, you scour, you rub with sandpaper aiming to refine,
purify her looks
but the looping and spiraling of siti's spreading roots cannot be undone
roots born of a tale of resistance, explusion, slaughter
a history of screaming, moaning and weeping
a history embodying siti's heartbeats
those heartbeats that gave birth to her children
children cradling the heartbeats of a wounded history
an irremediable history
a history seen as nothing but parasite, ringworm,
scabies, mange, acne

---

*) This is consumed as a tonic food by some people in East Java.

siti lari lagi hingga hutan wangi
dengan kerinduan alang kepalang
siti babat alas randu dan alang-alang
menciptakan oase, kedung bagi para pelancong

di bilik remang dengan perabot murahan
dinding penuh potongan gambar penyanyi dangdut
setengah telanjang
dari majalah cabul loakan
coretan rindu dendam gaya ingusan
pada sebuah dipan keras berseprei kusam siti telentang
dikangkang lelaki tua hidung belang
giginya penuh kerlak tembakau
menggigit-gigit pentil mungil
membuat siti mengejang, menarik rambut gimbal si bocah
tua binal
yang separuh ubanan
siti pun dicipok dengan gaya tak sabaran
siti geragapan dengan bau *gidal*
siti tak tahan gesekan dengkul di dedinding guanya yang ditumbuhi
lumut hitam
membuatnya basah, bergairah, lupa kesedihan dan amarah
lupa kenangan dan sejarah
siti meloncat ganti ngerjai laki kisut berotak jangak
terongnya disentil, dipelintir, dimamah, dikibas-kibaskan di lubangnya
mulut dari terong kusut komat-kamit merapal aji
pengundang danyang birahi:

that which has roots will spread
that which spreads will run wild
that which is hacked will hack

siti runs back to the fragrant forest
and filled with a terrible longing
fells the kapok trees, slashes the cogon grass
creating an oasis, a pool for travelers

hibiscus tree trunk, mister, for a hammer handle
saturday night, my man, hey, don't be shy
just enter my room

in a dim room with cheap furniture
walls filled with pictures of half-naked dangdut
singers torn from
flea-market porno mags
snot-nosed scribblings of hard feelings
siti lay on her back, under a faded spread on a hard sofa
in the crotch of some old goat
with tobacco-stained teeth
nibbling on cute nipples
making siti twitch and pull on the randy old boy's unkempt hair
now quite grey
smooching siti greedily
siti is flustered by the spunky stink
she can't stand how his prick rubs on the walls of her cave sprouted with
black moss
making her wet, hot to trot, forgetting tears and anger
forgetting memories and history
siti springs up to fuck the depraved wrinkled old goat again
pinching, twisting, chewing and flicking it at her crevice
the wrinkled eggplant's mouth mumbling a mantra of invitation
to the pleasure spirit

kumala sahaheka di kun payakun ilaika datuka muka nataneka
allahumma ya muka nunujra rumnya ala huya muka
*datbiramu ika sangkrama rakiman**
jerangkong terong menegak, mendongak, dilesak
assalamu'alaik ya babal farj
siti tersengat, jimprak-jimprak
kesodok lonjoran kabel gardu listrik 10.000 megawatt

pada sodokan kelima siti mulai kesirep japa mantra
matanya *kriyep-kriyep*, pandangannya kabur,
pikirannya melantur
pada sodokan ketujuh siti melihat tirai terangkat
hijab lenyap dan cahaya melesat-lesat
pada sodokan kesembilan siti melayang di hamparan
padang rumputan
mengambang dalam selimut langit biru
siti sintal dibalik bocah keriput sundal
lehernya jenjang dicupang dibarengi tusukan
pada tusukan ketigabelas siti amblas keluar langit lepas
seluruh jin, setan, makhluk jejadian memberi salam
pada tusukan kelimabelas siti bersalaman dengan malaikat
dan ruh nenek moyang
setelah itu siti tak merasakan apa-apa
kulitnya mati rasa, telinganya dijauhi suara, hidungnya buntu
siti di luar waktu sekaligus di dalamnya
yang ada hanya satu warna, yang ada hanya satu rupa
allah, allah, allah

siti tertidur dengan impian terpotong
tubuh siti menggigil oleh bunyi sendiri dalam peluk
lengket sprei
kerisik daun mangga begitu menakutkan
seperti masa lalu yang menghardik

---

* Diambil dari *Serat Centhini: Kekasih Tersembunyi*, saduran oleh Elisabeth D Inandiak

kumala sahaheka di kun payakun ilaika datuka muka nataneka
allahumma ya muka nunujra rumnya ala huya muka datbiramu ika
*sangkrama rakiman**
the eggplant boner stands erect, looks up, trembling
peace be upon you, oh gate of sexuality
siti is jolted, jumping as if for joy
blasted by an 10,000 mg electric substation extension cable

on the fifth jolt, siti falls under the spell of the mantra
her eyes squinting, her vision blurring, thoughts drift away
on the seventh jolt siti sees the screen has lifted
the hijab disappearing as the light is hurled
on the ninth jolt siti is sent flying over a stretch of grassland
floating on a blanket of blue sky
the wrinkled whore boy turns buxom siti around
her neck a trail of hickeys in time with his pokes
at the thirteenth poke siti vaporizes into thin air
the jinn, satans, all supernatural creatures proffer their salaams
on the fifteenth poke, siti exchanges greetings with angels and ancestral
spirits
then she feels nothing
her skin numbs, sounds receding from her, her nose blocked
siti inside and outside of time
there is only one color, only one form
allah, allah, allah

siti falls asleep amid broken dreams
her body shivering at its own sound in the bedsheets' sticky embrace
the rustling of the leaves of the mango tree is so frightening
as if the past is rebuking her

---

* From the *Serat Centhini: Kekasih Tersembunyi*, attributed to Pakubuwono V of Surakarta. These lines appear to be a Javanese-Arabic incantation for good sex performance and, from a preceding line in the *Serat*, twelve repetitions of these lines are prescribed for optimal results. The translator wishes to thank Tim Behrend of the University of Auckland for this explanation.

mata siti menutup, pikiran dibawa lari kenangan
kenyataan yang susah dipercaya, kegaiban yang mengada
siti di ambang hidup dan binasa

siti mulai mengalami gangguan pada pikiran
siti meracau tentang keburukan para tetangga
ada seorang yang pernah begitu bersemangat berkhotbah
tiba-tiba berlaku buruk pada anaknya
menodai hingga mengancam hidup generasi siti
ada para pengurus yang awalnya menata akhirnya
memerintah dan memaksa
hingga para saudara siti yang tidak lagi peduli
malam itu pukul satu dini hari
siti mencoba menjaga gerak tubuh
tapi mimpi membuat ceracau kian kacau
wajan, panci, kereweng, baki melayang dari dalam kamar
melewati tembok ke jalanan
siti menangis dalam hati
lihatlah, siti bakal mati karena ngenes
tak bisa sabar dan tak bisa kuat menahan beban cobaan
siti ingin kembali normal, bercengkerama dengan wajar
kepada para saudara, kepada para tetangga, kepada seluruh
penghuni jagat raya
siti tak ingin menyapa dengan senyum bercampur tangis
bercampur meringis
bercampur teriakan bercampur dendang bercampur rintihan
bercampur umpatan bercampur joget bercampur tatap liar
yang kosong
siti akan menjadi orang yang paling berdosa dan bersalah
jika ada satu bagian dari diri yang mengalami kegilaan

tuhan, selama ini siti memang tidak pernah melibatkanmu
dalam persoalan
karena siti merasa tidak begitu pantas memintamu untuk
turut campur

siti's shuts her eyes, as thoughts drift off with memories
facts hard to believe, things occult concocted
siti straddling life and death

siti is going crazy
siti raves about how bad the neighbors are
there was once a preacher of energetic sermons
who suddenly treated his kids badly
defiling, even threatening the lives of siti's generation
managers there were who at first organized, then commanded and
compelled
until siti's kin could no longer care
that night at one in the morning
siti tries to guard the movements of her body
but dreams make her babble ever more wildly
woks, pans, crockery, and trays sail out of the room
over the wall and into the street
siti's heart weeps
look! Siti is going to die from grief
without the patience to bear her heavy trials
siti wants to return to a normal life and socialize naturally
with family, neighbors, in fact with everyone
in the universe
siti won't speak a smile, grimacing
and tearful,
shrieking, chanting and sighing
dancing to abuse
and empty wild stares
siti will become erring and sinful
if suffering madness is a part of her nature

god, all this time siti naturally didn't involve you
in her problems
siti felt it wasn't right to ask you to intervene
siti is alien to you

siti orang asing bagimu
tapi saat ini, orang asing ini telah jadi tawanan keadaan
terkalahkan dan butuh bantuan
sedang bantuan seluruhnya telah menghilang
kaulah satu-satunya
siti hanya ingin satu hal: jika memang keputusanmu
mengambil hidup siti
ambillah cepat
tapi jika keputusanmu masih memberi waktu,
biarkan siti sembuh
bernapas lepas seperti orang-orang bebas
tolong jangan gantung hidup siti antara waras dan gendeng

lapar membuat pikiran jadi liar
pilihan membuat keisengan
hidup siti dipenuhi ketidaktenteraman
tapi siti tak pernah bosan
kebosanan hanyalah dinding kertas
mudah sobek oleh kulit basah jari
siti melompat dari ketegangan ke pucuk duri
ketenteraman hanya pelontar yang memantul-lesatkan siti
dari tepi ke tepi, ujung ke ujung, melompat-mbandul
siti masuki ruang antara
di mana kesedihan dan kegembiraan selalu dipertentangkan
hidup-mati dipertaruhkan, lapar-kenyang diperebutkan
siti hidup membawa lupa
siti tak mengerti apa yang dikatakan dunia
tapi siti merasa desakan emosi yang kuat di dalam dada
dada yang tak bisa berkata tapi menyerap semua bahasa
menggumpal, menggelembung, bergegulung menjebol bendung
kelopak mata
udara jadi basah, bahasa jadi basah, hanyut di tangis siti
siti jadi bisu, siti tak mengenali satu sama lain
siti asing, terasing
siti bicara dalam bahasa terendam

but at this moment, this alien has become a prisoner of circumstance
overwhelmed and in need of help
at a time when all help has vanished
you are the only one who can come to the rescue
siti only wishes for one thing: if indeed you decide
to take her life
do so quickly
but if you decide to grant siti more time,
let siti recover
to breathe freely
please do not leave siti suspended between sanity and madness

hunger drives the mind wild
choice favours frivolity
siti's life is full of unrest
but she has never been bored
boredom is nothing but a paper wall
easily torn by a finger's wet skin
siti leaps from tension to the tips of thorns
while tranquillity is a sling sending her ricocheting,
jumping and swinging, from edge to edge, end to end,
siti enters an in-between space
where sorrow and joy are always contested
life and death are a gamble, hunger and satiety a contest
siti lives in forgetfulness
oblivious of what the world says
but siti feels the urgency of strong emotions within her breast
a breast unable to speak but absorbing all languages
clotting, blistering, rolling up, breaking through the weir of the eyelids
the air and language becoming wet, language swept away in her tears
siti's now mute, unable to recognize one from the other
siti is foreign, isolated
speaking in a submerged language
a sunken language

bahasa yang tenggelam
isyarat siti tak terpahami, suara siti lari
lari menubruk mulut sendiri
siti merasa mati di rumah sendiri
siti percaya tubuh hanya cetakan
tapi siti tak percaya kutukan
lubang hitam yang memaksa jadi bidak
prajurit buta dan bukan apa saja
siti merasa ada kejanggalan pada diri
tubuh siti dipaksa kafir dari pikiran dan kemauan
jiwa hidup bersih, tubuh rusuh dihidupi dosa
siti sempat bertaruh pada diri sendiri
jika tuhan diam, siti putuskan bunuh diri
siti seperti debu dalam pusaran topan
siti tak pernah dihiraukan tuhan
siti sampai pada ujung kerelaan
siti harus berjuang melawan sesuatu yang tak pasti
dalam tubuh siti:
menjadi tua tak berguna atau bermain petak umpet
seperti anak-anak
hidup siti dimainkan kata-kata

siti adalah penyekat sekaligus penghubung
siti pencakup dan pemasuk antara ada dan tiada
siti adalah perangkat sempurna
diri siti adalah segalanya, diri siti adalah alam semesta
tubuh siti dipenuhi bebenda, ruh siti dihuni sketsa, jiwa siti
ditumbuhi imajinasi
kenyata-beradaan siti dihidup-napasi jagad raya
siti adalah bagaimana siti memaknai
siti terus terdesak setelah banyak mulut berteriak
siti kembali berlari ke timur ke arah tenggelamnya matahari
di tengah tambak dan sawah
siti lepaskan yang mengerkah:

siti's signals are unintelligible, her voice
running away, colliding with her own mouth
siti feels dead in her own home
believing the body is but a mold
but siti has no belief in curses
the black hole forcing you to be a pawn
a blind soldier and nothing else
siti sensed something odd in herself
her body forced by disbelievers
from the thoughts and wants
of a spirit both pure and alive,
now a tumultuous body sustained by sin
siti once bet with herself
if god stayed silent, she would kill herself
siti is like dust in the vortex of a whirlwind
siti has never been a concern of god
siti is no longer willing
to struggle against something so uncertain in her body:
useless to grow old, or play hide and seek like a little kid
siti's life is just a play on words

siti's both a blocker and a connector
encompassing all and transferring from the complete to the deficient
siti is a perfect device
siti is everything, siti is the universe
siti's body is filled with objects, siti's soul is inhabited by sketches, siti's
spirit is overgrown with imagination
the reality of siti's existence is given life-breath by the universe
Siti's very being is how she gives meaning
pressured after so many mouths cry out
she runs again to the east, toward the sinking sun
amid fish ponds and rice paddies she rids herself those things gnawing
at her life

dan siti pulang ke semua orang
ke rumah, ke kota, ke wewilayah tak bernama
siti makan, minum bersama semua orang
siti tidur bersama semua orang
dan di tiap impian siti melihat orang-orang menulis puisi
tapi bukan tentang siti, tidak untuk siti
rumah bukan tempat siti, kota bukan tempat siti
dedaerah asing bukan tempat siti
siti terdiam di rel, di sungai-sungai, di bawah rimbun daun-daun
di sejengkal tanah yang tersisa
siti hadang apa yang tak diinginkan
laju kereta yang berbahaya
sungai dangkal yang bakal meluap kapan saja
rontokan dedaunan yang mudah terbakar
dan sampah, sisa-sisa yang sia-sia
siti bersihkan tubuh penuh tumpukan latu, sisa makanan dari mulutmu
kemasan deodorant dari ketiakmu, tas kresek dari tanganmu
kantung sperma dan softex dari kemaluanmu
siti telah berusaha menjadi manusia tapi siti tak tahu mengapa
di matamu, siti tiba-tiba berubah jadi sisa makanan dari mulutmu
jadi kemasan deodorant dari ketiakmu, jadi tas kresek
dari tanganmu
jadi kantung sperma dan softex dari kemaluanmu
siti pembersih sekaligus kotoran itu, manusia sekaligus sampah
tapi ingatlah: nafas siti lebih dari puisi

siti tercutat mencelat hingga putat
siti terdampar di gang remang kupang
siti kian liar, siti kian nakal
siti mencipta kampung pinggiran, kampung balon,
kampung senukan

i'm barebreasted, barebacked, barethighed
hey, i invite you, all you swamp dwellers
to kiss my breasts, where are your mouths

siti returns to the world
to homes, to the city, to unnamed territories
siti eats and drinks, sleeps with everyone
in every dream siti sees people writing poetry
but it is not for or about siti,
the house is not her house, the city is not her city
outer districts also are not hers
siti is silent by the rails, by the rivers, under shady leaves
on the span of the remaining earth
siti intercepts whatever is unwanted
vehicles racing dangerously
shallow rivers overflowing at any time
fallen leaves so easily burned
and also the garbage, the remains of remains
siti cleans a body covered with cigarette ash, the remains of food from your
mouth
the armpit deodorant package,
the plastic bag from your hand,
scumbags and tampons from your private parts
siti has tried to become human without knowing why
in your eyes, siti suddenly turns into what's left of the food from your mouth
the deodorant package from your armpits,
the plastic bag in your hand
scumbags and tampons from your private parts
siti is both the cleanser of that filth,
a human being and all garbage
but remember: siti's breath is much more than poetry

siti banished, beats it to putat
winding up stranded in one of kupang's dim and dusky alleys
growing wilder, she is misbehaving more
creating kampungs on the outskirts, kampungs for whoring and condoms

cium aku, peluk aku, sayang-cintai aku
tapi jangan selamanya, selamanya jangan

siti muncul dalam kampung penuh nyanyian:
skali merdeka tetap merdeka selama hayat masih di kandung badan[*]
tapi siti tak lagi tahu pelantunnya, tak lagi tahu asal usulnya,
makna di dalamnya
siti merasa bunyi nyanyi itu mengutuk-sumpahi siti
siti pernah punya keinginan membaca tuntas itu nyanyian
sebab siti tak mau selama perjalanan dihantui
khayalan dan kebingungan
siti pernah mulai membaca, membuka-masuki cecerita
sampai siti melihat orang-orang menatap kosong jalanan
wajah pucat, mata begitu sayu
siti pernah mulai bertanya tapi yang siti temukan hanya debu
hanya tumpukan bebatu

seribu kembang api diletuskan membangkitkan kenangan
seribu orang turun jalan meneguhkan bebayang
seribu terompet dibunyikan, seribu harapan dihembuskan
siti penghuni kota tua ini ingin hidup lebih bahagia lagi
siti tak ingin cepat mati, lindungi siti
lelampu menyala hingga pagi, orang-orang menyalak
setengah mati
sampah menumpuk dari pagi ke pagi
di sudut tanpa cahaya, sebuah keluarga saling berjaga
dengan dingin, dengan lapar, dengan sedu-sedan
dengan sebuah doa dan sebuah umpatan
tuhan, mengapa segalanya seperti tak sempurna

bertahun-tahun siti tak bisa bermimpi dengan nyaman
seseorang (atau sesuatu) seakan masih menjaga pintu
mengawasi dan menyandera tidur siti

---

* Sebuah petikan syair lagu "Hari Merdeka" gubahan H. Mutahar

siti appears in the kampung full of song:
*once free always free as long as life is still in the body's womb**
but siti no longer knows who's belting out that song, its meaning, or where
she's from,
she feels the sound of that singing cursing and hexing her
siti had once wanted to read that song to the very end
not wanting a journey haunted
by confusion and fantasy
siti began to read, to enter those stories
until she saw people staring emptily at the road
with faces so pale, eyes so downcast
siti began to ask why, but all she found was dust
and piles of stones

a thousand fireworks exploding, bringing back memories
a thousand people take to the streets to confirm their fantasies
a thousand trumpets blow, while a thousand hopes are breathed
siti, dweller of this old town,
wants to live in even greater happiness
siti does not want to die now, oh do protect siti
the lamps stay lit till morning, people barking until half-dead
trash piles up from one morning to the next
family members guard each other in dark corners
in cold, in hunger, and in tears
both pray and curse
oh god, why does everything seem so wrong

for years and years, pleasant dreams have eluded siti
it is as if someone (or something) goes on guarding the door
keeping siti's sleep hostage

---

* An excerpt of lyrics from *Hari Merdeka* (Independence Day) composed by H Mutahar.

siti limbung di tengah pasar burung
menenggak tuak sengak, sesengak moncong tukang becak
city mendengkur, siti ngelindur
surga yang engkau janjikan, neraka yang kudapatkan
manis yang aku hayalkan, pahit yang aku rasakan
tingginya janjimu padaku mengalahkan langit yang biru
manisnya janjimu padaku mengalahkan manisnya madu
surga yang engkau janjikan, neraka yang kudapatkan
*manis yang aku hayalkan, pahit yang aku rasakan**
siti menyanyi seperti menyumpahi diri sendiri
di tingkah kulit yang digasak, senar yang digetar,
tumbukan serenteng *kempyeng*
bahasa membeku di siti punya tubuh
tinggal geletar bunyi yang sukar dipahami
tapi mudah diikuti
sesuatu yang tak berhenti sekaligus tak menghenti

kau tampar kulit kendang seperti menampar kulit siti
kau tabuh kendang seperti menyentek hidup siti
selama irama diijinkan, tarian hidup terus berjalan
tanganmu penentu nasib siti
terkadang siti berpikir, siapa yang memulai semua
mimpi buruk ini
ketukanmu atau igal tubuh ini
tapi semakin siti cari jawaban selalu ia mengelabui pikiran
dengan pertanyaan tambahan beranak pinak,
membandang di pikiran
siti yakini kebingungan sebagai sebuah awal penciptaan

perjalanan siti kian membingungkan
mereka bilang telah bangkit dan berjalan jauh selama 100 tahun
tapi siti tak melihat kaki beranjak hanya pemandangan

---

* Sebuah syair dangdut berjudul "Janji" ciptaan Rhoma Irama dan dipopulerkan biduani-
ta Rita Sugiarto, kemudian Evi Tamala

siti is feeling faint and confused in the middle of the bird market
slugging down a pungent *tuak*, as pungent as the snout of a becak
pedaler
the city snores, and siti beats it out of there
you promised heaven you promised, and i got hell
i dreamed of sweetness and i tasted bile
your promises were higher than the blue skies
the sweetness of your promises to me even surpassed honey
the heaven you promised, the hell i got
*the sweetness i dreamed of, the gall i tasted**
siti sings as if she is cursing herself
skin rubbed, strings plucked, bronze bowls struck
language freezes in her body
only trilling sounds remain, hard to understand though easily followed
something that does not and will not stop

you slap the skin of the dance drum as if it were siti's
you beat this drum as if lashing out at siti's very life
so long as rhythm is permitted, life's dance keeps moving
your hands set siti's fate
sometimes she wonders, who is behind all these bad dreams
is it your knocking or this preening body
but the more siti seeks an answer, the more she leads her thoughts
astray
questions breeding more questions
flooding the mind
that confusion is how creation begins is siti's firm belief

siti's journey grows more confusing
they say they have arisen, walking great distances
for 100 years
but siti cannot see any feet moving forward, just one scene after another

---

* A lyric from a dangdut song titled *Janji* (Promise) written by Rhoma Irama.

silih berganti
pepohonan, sawah, ladang, sungai, jembatan, perumahan
pabrik, perkantoran, tetembok
semua hanya jadi perbincangan, lewat begitu saja
jalan tidak bersama siti meski siti bersama berada
dalam perjalanan
antara bunyi klakson, cerobong dan gesekan besi
mulut-mulut berkembang biak
bertingkahan untuk jadi dominan
siti yang datang selalu jadi penumpang dan tak ada
yang mau turun
tak ada yang mau menyentuh tanah
para penumpang itu ingin selamanya duduk di kursi
melupakan jalan dalam perjalanan

siti oleng lagi, siti mabuk, nyeruduk, nubruk, ½ ambruk
untuk melupakanmu aku telah menghapal seluruh lekuk bentuk
para cecunguk
tapi kota punya batas yang terus nyeruduk, nggepuk
mencengkeramku kembali mengingatmu
itulah mengapa selalu saja ada alasan
perempuan tidak memercayai dunia

kau lempar dadu seperti melempar nasib siti
tujuanmu hanya satu
selalu lewat tangga menuju kotak terakhir permainan
ular tangga itu
sedang siti selalu was-was dan harus awas
jangan masuk kotak mulut ular, hidup akan berjalan mundur
siti menunggu lemparan dadumu seperti menunggu garis takdir
sedang takdir selalu di luar dugaan
dan dadu menjadi ancaman tersendiri bagi siti
seperti juga tanganmu
tangan yang melempar dadu, dadu yang seperti nasib siti

forests, rice paddies, croplands, rivers, bridges, houses
factories, office building, walls
all mere light points for chit-chat
the road is not with siti,
though she is there on the journey
between chimneys, the sounds of honking and the scraping of iron
mouths increase and multiply
acting up with power games
siti travels as a passenger,
no one wants to get down
no one wants to touch the ground
those passengers prefer to stay seated
forgetting the road they are on

siti sways, siti's drunk, siti butts her way through, colliding, collapsing
to forget you i have memorized every curve
and dimple of every useless loser
but the city has limits that keep needling me, hitting me
throttling me, forcing me to remember you
there is always a reason why
women don't trust the world

you roll the dice as if rolling siti's fate
with only one thing in mind
always take the ladder to the last box when playing snakes
and ladders
siti remains hesitant, constantly on guard
do not land on the snake's mouth, for life will go backwards
siti is alert to the roll of your dice, as if waiting for the course of destiny
though destiny is always unclear
siti finds the dice, hands like yours tossing that dice, increasingly a
threat,
dice, dice resembling siti's fate

siti pernah belajar mengeja kata dan mengolahnya jadi senjata
tapi dunia berjalan dengan pelempar ugal-ugalan
kerap melanggar aturan
siti pun hanyut dalam permainan penuh kecurangan

pada sebuah ayunan siti terdiam
akankah anak-anak siti ke titik sana dengan selamat atau kembali lagi
ke titik awal dengan luka di badan
yang terayun akan kembali
selama ada gravitasi
yang kembali akan terayun
selama beban masih menggantung
siti pikir ayunan ini sejarah siti dan di ayunan siti terdiam
apa yang didapat dari orang tua hanyalah kisah
apa yang diajarkan meraka hanyalah kisah
apa yang diwariskan hanyalah kisah
apa yang siti tangkap dari kisah hanyalah luka

siti melingkar meminta kepada langit
tentang kekesalan-kekesalan, kesalahan-kesalahan
bayangan hitam dari sisi lain matahari
di malam-malam ganjil tanpa angin dan awan
siti melingkar meminta kepada langit
agar seribu bulan turun di tengah kota
mengusir para penjaga pagar, pepintu; nasib siti
agar rumah lebih hijau dan terbuka
siti melingkar di tengah ketertundukan dedahan meminta pada langit
beri siti sayap pikiran di tengah hutan penuh binatang
beri siti buku, beri siti pengetahuan
siti terlempar dan tak tahu arah pulang

siti ketuki pintu demi pintu ketika kota sibuk berbenah
ketika rambu lalu lintas telah mati, ketika jalan
dipenuhi kemacetan

siti has learned to spell words, working them into weapons
but the world is run by reckless throwers
always violating the rules
siti becomes embroiled in deceit-laden games

siti sits quietly there in a swing
will siti's children travel safely or return
with wounds
whatever swings out will swing back
as long as there is gravity
whatever swings back will swing out
as long as the burden still hangs
siti thinks this swinging is her very history and remains quiet
You'll only get stories from the old folks
That's all they teach, just stories
their only legacy
siti catches nothing from stories but wounds

siti curls up, beseeching heaven
over vexations, missteps
black clouds on the other side of the sun
on odd nights without wind and clouds
siti curls up beseeching heaven
for a thousand moons to descend into the middle of the city
to drive off the fence guards and the door guards; that
a house greener and open be in siti's future
siti curls up amidst this leafy submission
beseeching heaven
to give her winged thoughts in the middle of a forest full of animals
give siti books, give her knowledge
cast off as she is and unable to find the way back

siti knocks on door after door while the city is busy tidying up
while the traffic signs have gone dead,

ketika langit berubah gelap dan melesatkan lembing kilat
siti masih ketuki pintu demi pintu
tak putus-putusnya tanpa putus asa
ketika semua orang berebut ruang, berebut lahan
dan kata mengeras di kerongkongan menjadi lautan
penuh batu karang
siti tetap ketuki pintu demi pintu
hingga luruh seluruh peluh hingga runtuh seluruh
yang buntu
sebab siti orang terlupa, dikutuk-sumpah jadi sampah
siti penghuni kota, pemilik sah napas dan darah
meski memburu seribu sepatu, meski terkokang
seribu senapan
siti tetap ketuki pintu demi pintu
di jalanan, di layar tv dan koran,
di sujud panjang
tak putus-putusnya, tanpa putus asa

di taman makam kota terbaca kisah
ribuan orang bergerak dalam perang
ribuan peluru tajam, mortar, kelewang, sabit, celurit,
bambu runcing
dan lengking teriakan
lalu pepayungan hitam meninggalkan masa depan
siti menangkap cahaya suram dari buku cerita tentang perang
pemberontakan, perundingan-perundingan
di tengah menunggu kelahiran sebentang lautan
tapi hujan turun begitu hebatnya
luka, dendam, pikiran busuk tentang masa depan
sekelompok orang telah melakukan aborsi
dan membiarkan seorang ibu menyimpan darah dalam rahimnya
rahim yang serupa laut, laut yang berisi darah
darah yang dibiarkan sekelompok orang menghuni rahim laut
ibu, ibu siti

while the roads are jammed with traffic
while the skies darken, hurling lightning bolts
siti goes on knocking on door after door
endlessly, and never in despair
when everyone is struggling over space, over land
with words hardening in the throat,
becoming perilous coral reefs
siti goes on knocking on door after door
until every drop of sweat has dripped from her,
until every dead-end implodes
siti is forgetful, cursed and reviled as garbage
siti, a resident of the city, a valid owner of breath and blood
despite a thousand shoes hunting, despite a thousand rifles stay cocked
siti goes on knocking on door after door
along the roads, on television screens, in the papers,
with long prostrations
endlessly, and never in despair

municipal cemeteries tell the stories
of thousands of people going to war
thousands of bullets, mortars, malay cutlasses, sickle blades, maduran
scimitars, well-honed bamboo spears
accompanied by piercing cries
and with funereal umbrellas abandoning the future
siti discerns a bleak light emanating from the war stories' book
rebellion, negotiations
while waiting for the ocean's birth
but rain is falling in torrents
wounds, grievance, evil thoughts about the future
a group of people performing abortions
let a mother store the blood in her womb
a womb like the sea, a blood-filled sea
blood allowed by a group to inhabit the womb-sea
mother, mother siti

siti dipaksa mempertahankan cahaya suram dari buku cerita
tentang rahim ibu yang serupa laut penuh darah
yang diletupkan sekelompok orang
sekelompok orang yang memaksa menjadi diri siti
diri siti yang terpaksa menjadi sekelompok orang yang
meletupkan darah di rahim laut
ibu, ibu, beri siti buku cerita baru

bunyi tembakan dan teriakan tak pernah membuat siti menjadi layu
bunyi tembakan dan teriakan menjadi sesuatu yang tak
pernah berhenti
impresi yang terus terangkat, tertangkap,
namun tak pernah terungkap
bunyi tembakan dan teriakan seperti leher terkalungi tali
menarik siti dari jurang igauan dan mimpi
siti tahu tak pernah ikut revolusi itu tapi siti mengerti
gejolak itu
siti rasakan geluncak api tak kunjung padam itu
mata angin perubahan itu

waktu hanya hitungan
kota hanya sebutan, hanya tunggangan
biar kusetir, kulaju sekehendak udelku
akulah migran, pelacur kampungan, pengilang kesumpekan,
penggerak kehidupan

roda berputar demikian liar, lingkar-melingkar
tar-berputar di tubuh siti, sar-berpusar di otak siti
membelit diri siti, melilit hidup siti
membekas-gurat di kening siti, di perut siti,
menjelma jalan usia

bukan peluru, bukan mesiu
siti seperti balon yang pecah, hanya mencipta kejutan

siti is forced to maintain the story book's gruesome light
of the mother's womb that's like a blood-filled sea
detonated by a group of people
a group of people who force themselves to embody siti
siti forced to be a group of people
who detonate blood in the sea's womb
mother, mother, please give siti a book of new stories

gunfire and screaming do not make siti wilt
gunfire and screaming
never stopping
impressions constantly raised, caught,
but never expressed
gunfire and shouting like a rope-laced neck
pulling siti from the chasm of delerium and dreams
knowing she has never taken part in the revolution, siti still understands
the upheaval
feeling a burst of unquenched fire
in the eye of that changing storm

time is only counting
city is only a designation, only a vehicle
let me drive, i'll speed as fast as i damn please
i'm a migrant, a village whore, a suffocator,
a life mover

the wheels turn crazily, round and round
turning, turning in siti's body, whirling, whirling in siti's brain
twisting around her, coiling around her life
scratching lines on siti's forehead, on her belly,
incarnating age's path

it is not bullets, not gunpowder
siti is like a burst balloon, creating shock

tanpa perubahan
diri siti kosong dihuni hampa, mulut siti lantang
tangan siti keras menghantam, menghunjam
siti melempar kesalahan pada sesuatu di luar diri siti
sesuatu yang sepenuhnya menjadi musuh
siti tak bisa disalahkan oleh diri siti sendiri
dan siti terus menggampar angin
meneriaki tembok seperti dajjal
dimainkan azan
waktu berputar di mulut siti
mulut yang melebihi bunyi peluru,
melampaui bau mesiu
tapi hanya mencipta kejutan tanpa perubahan

siti tersentak teriak sendiri
menemukan diri di selempitan bong pay
di hamparan kembang yang kuning
siti mencoba kenali kembali protolan diri sendiri
kisah hidup siti yang tercuri,
tercecer di pasar maling tengah rel
di belakang pasar turi yang dibakar
album foto siti diobral di pasar wonokromo
yang juga dibakar
di bedak ciut pasar blauran, di jalan semarang, di lapak-lapak
jalan demak
di gembong yang sesak

siti tersingkir bukan oleh orang asing juga bukan oleh
sebuah pengkhianatan
siti masih merasai udara setengah bersih berguliran
di kerongkongan
siti masih menyimpan keinginan telanjang di tepi
laut panjang
melompat dan berkejaran

without change
she is empty, hosting a vacuum, with her brash mouth
siti's hands hit hard, stab and pound
casting blame at something outside herself
that something becoming a total enemy
siti cannot blame herself
as she goes on beating the wind
shrieking at the walls like dajjal the deceiver when the call to prayer is
played
time revolves in siti's mouth
a mouth exceeding the sound of bullets,
surpassing the odor of gunpowder
creating shock but no change

siti jerks to her senses, screaming to herself
finding herself to be in the rows between chinese tombstones
in yellow flowers
attempting to recognize her shards and fragments
the story of her stolen life,
dropped in the thieves' market mid-rail
behind burnt-out turi market
siti's photo album sold cheaply at wonokromo market,
a smouldering ruin
in the cramped offloading spaces of pasar blauran on jalan semarang,
in the market stalls of jalan demak
in stiffling gembong

siti is pushed aside not by strangers nor
by treachery
siti still tasting the half-clean air rolling
around her throat
dearly wishing to be naked at the long edge of
the sea
jumping and frolicking with the others

tubuh siti dihancurkan, pikiran siti dipadamkan,
jiwa siti melayang
seperti lampion dilarikan topan tapi tak ada dendam
kesakitan hanya rasa sambal yang cepat hilang
digelontor minuman
minuman yang kadang memabukkan namun selalu
menutupi ingatan
ingatan yang seperti peti terkunci yang tenggelam di dasar
laut mati

siti melewati masa di mana kekacauan melanda
kekacauan telah menjadi bagian diri siti
diri yang terbentuk dari kekacauan dan
akan mengulang kekacauan
diri kacau mengacau diri, siti berada di lingkaran kekacauan
lalu kau datang menawarkan pilihan
setapak jalan bercecabang
tapi tawaranmu tiba-tiba berubah jadi gertakan, jadi ancaman
jadi pilihan yang tak terhindarkan, sebuah kekacauan baru
siti pun melingkar-lingkar seperti ular yang dikutuk neraka
siti lelah dalam lingkaran
lebih baik mati daripada harus memilih matahari yang pecah
dan hanya mengirimkan batang kunci yang patah

pada bumi yang kian tua beburung terbang berkejaran dengan gegedung
asap kian pekat dan mendung memenuhi langit
mendung dari cecerobong
pepohon terpotong
akuarium adalah sungai bagi ikan-ikan
hati siti mengeras seperti mata manekin di etalase pertokoan
mata yang hanya menangkap satu arah selamanya
pikiran siti murung seperti burung kehilangan susuhan
sebab ranting membesi, daun memlastik,
udara membusuk dalam freon
matahari serupa lampu pijar yang hanya bisa ditombol

siti's body is wrecked, her thoughts are extinguished,
her spirit is flying off
without resentment, like a paper lantern blown away by the tempest
a mere hot-sauce pain quickly gone
when flushed down by drink
drinks that sometime intoxicate,
shutting down memory
that memory a locked box deep-sixed at the bottom of a
dead sea

siti passes time where chaos reigns
chaos has become part of her,
formed from chaos
and endless chaos
she is chaotic, bringing chaos to herself, in a cycle of chaos
then you come offering a choice of
a many-forked path
but your offer abruptly turns to snarls and threats,
an unavoidable choice, a new chaos
siti circles around like a hell-cursed serpent
weary in her world
dying would be better than choosing a broken sun,
sending out only a broken key

on the ever-aging earth birds fly about playing chase with the buildings
smoke grows ever more dense and skies overcast
overcast because of the chimneys
the felled trees
aquariums rivers for fish
siti's heart hardens like mannikins' eyes in shop windows
eyes forever pointed in one direction
siti's thoughts remain gloomy, like a bird that has lost its nest
the branches becoming iron-hard, the leaves plastic,
the air rotting
the sun an incandescent lamp that can only be lit by a certain

sekelompok orang
sekelompok orang yang menanam kursi di kepala
benalu yang mengisap getah pohonan
pohonan yang adalah tubuh siti
pada bumi tua napas siti tumbuh liar mencari pepohon baru
pohon tanpa benalu, tanpa burung, tanpa ulat, tanpa
matahari, tanpa musim
pohon yang tumbuh bersama cahaya
cahaya di atas cahaya

siti tak lagi punya memori tapi siti dipaksa mengamini
mawar merah di antara pemenggalan kepala
siti makan apa yang disuguhkan
siti telan apa yang dilolohkan
siti orang dengan pikiran terancam
siti tak pernah punya pilihan
pilihan bagi siti adalah memangsa atau dimangsa
selebihnya mulut jurang atau senapan
siti tak pandai mengungkap perasaan
hati siti cuma dihuni amarah dan tangisan
siti hadapi puisi seperti hukuman mati

di tepi *tanjung* berwarna *perak* itu
siti tersimpuh
peperahuan datang dan pergi
berlabuh sekaligus menjauh
siti di sana, di menara, terisak
di laut air begitu setia
pepapan perahu diterimanya saja apa pun maksudnya,
ke mana pun tujuannya
angin yang lembut akan merangkulnya dengan tabah,
dengan suka rela
meski tak ada yang pernah menjelaskan mengapa
peperahuan itu datang dan berlayar

group of people
a group of people planting chairs on your head
parasite creepers sucking the trees' sap
trees that compose siti's body
on the ancient earth her breath grows wild searching for new trees
trees without creepers, without birds, without caterpillars,
without sun, without seasons
trees growing with the light
light upon light

siti no longer has her own memory but she is forced to say amen to
red roses in the midst of the beheadings
siti eats whatever is put before her
swallows whatever is fed to her
siti whose thoughts are under threat
siti, who has never had a choice
choice has meant to prey upon, or to be preyed upon
otherwise, to be at the mouth of the ravine or the mouth of the rifle
expressing her emotions is not her strength
and with only anger and tears dwelling in her heart
siti approaches poetry as if it is a death sentence

at the edge of the cape with the color of silver,^{*)}
siti drops to her knees
vessels of every kind come and go
anchoring and pulling away
siti is there, in the tower, sobbing
at sea the water is a faithful ally
accepting the docking of vessels, with whatever purpose or destination
gentle winds will enfold her steadfastly, willingly
with no explanation
those vessels keep coming in
and sailing away

*) This refers to Tanjung Perak ("Silver Cape"), Surabaya's famed harbor, Indonesia's
second largest.

siti merasa: semua itu kehendak
di laut ini siti tidurkan beragam impian tentang penghujan
musim semi dan lengkung pelangi
di laut ini siti leburkan seluruh warna jadi hitam,
hanya hitam
sebab hidup siti kelam, nasib siti suram
dipinggirkan siang
kerja, kerja, kerja
upah lewat begitu saja, tak pernah menyapa,
tak pernah bercengkerama
laut jadi hitam, hanya hitam
seperti lingkar bola mata siti
kota gelap menyimpan penghuni gelap dalam rerumah gelap
rumah siti, anak-anak siti
doa-doa hanya rintihan, hanya umpatan
impian tak pernah sampai tentang penghujan, musim semi
dan lengkung pelangi

siti di pinggir pantai ketika para perompak datang
dan menyaru sebagai kawan
bertahun siti berdampingan
pucuk kemaluan telah saling mengenal, berjalin-kelindan
musim berlarian, rambut berganti warna seperti juga hati mereka
tuan, impian ini telah membuat gelap isi rumah
lalu kenapa cinta siti kau tukar kertas dan logam
dan tak ada sentuhan mesra, kata suka
siti hanya mengenal kesepakatan yang bisa diubah seenaknya
riwayat siti diungsikan kapal-kapal
mengarungi lautan menuju tanah seberang
sedang siti masih di pinggir pantai
meratap, terpisah dari laut sesungguhnya
siti terombang-ambing
siti hidup di hamparan pasir yang selalu menghapus jejak
penuh dusta dan tak bisa dipercaya
laut bagi siti sekadar legenda

siti feels: all of them are here from need
in this sea she puts to sleep all dreaming about rain,
springtime, and the curve of rainbows
in this sea, siti fuses the spectrum into black
and nothing but black
for her life is gloomy, her fate grim
edged out of all sunlight
work, work, work
with wages gone just like that, she never speaks,
never chit-chats
the sea becoming black, just black
like the circles around siti's eyes
the dark city holds dark citizens in dark homes
siti's home, siti's children
prayers are but groans and curses
no dreams of the rain, the spring,
or of rainbow arches.

siti is at the shore when bandits come
disguised as friends,
she has been with them for years
their pudenda long acquainted, connected
the seasons run off, hair changes colors, as do their hearts
sir, this dream has darkened everything at home
so why did you trade siti's love for paper and metal
there was no tender touch, sweet words
siti only knows a consensus that can be changed ad lib
my history, evacuated by ships
traversing the seas for other lands
while remaining at land's edge
weeping, separated from the real sea
siti drifted to and fro
living on a stretch of sand forever wiped of footprints
full of lies and not to be trusted
for siti the sea was but a legend

hanya hamparan kain biru yang menghantui seluruh cerita hidup siti
sedang siti masih saja di garis pantai terasing dari asin air laut

siti mulai hidup dalam impian tentang sebuah kota pasir
penuh kembang bermekaran
kupu dan capung menjadi sahabat kejaran anak-anak siti
matahari, bulan, bintang, langit dan bumi sumber ilham
penggerak napas siti
siti mandi dalam pelukan wangi seribu kembang
tapi siti tak lagi bisa menjahit
siti memakai sesuatu yang bukan milik siti
bahkan kancing baju pun milik orang lain
siti lupa cara bekerja, siti lupa jalan berbenah
di kota pasir bertebaran suara lengking, keras, meronta,
merdu-merayu
membujuk, merenggut dan tak ada nada sela, ruang antara,
suara tengah
di kota pasir segalanya dipungut, diracik demi sesuatu yang
sepenuhnya hari ini
lumbung pun disiapkan untuk hari ini
tak ada seorang pun yang bisa menyimpan suara
untuk masa lalu
masa yang sepenuhnya tak berubah
harapan akan adanya jalan keluar tentang sebuah hari depan
sebuah puisi

siti melempar-lemparkan kerikil tajam
dalam matanya ia melihat matahari itu, peperahu itu,
beburung itu, orang-orang itu
berjalan, melintas, berputar, berlarian
siti tak pernah mengerti mengapa
siti hanya tahu itu terjadi dan siti tersenyum

siti tak suka warna laut yang keluar dari mulutmu
mulut yang menyimpan bau ikan busuk

a carpet of blue cloth haunting the entire story of my life
while siti remained on the shore, banished from seawater's brine

siti begins to come alive, dreaming of a city,
of sand full of blooming flowers
butterflies and dragonflies becoming her children's playmates
sun, moon, stars, skies and the earth, all sources of inspiration propelling
siti's breath
siti bathes in the aromatic embrace of a thousand flowers
but can no longer sew
she wears something not her own
even shirt buttons come from someone else
siti has forgotten how to work, how to tidy up
shrill voices scatter round the city of sand; voices harsh, resistant,
seductive
coaxing, and grasping without pause,
moderating voice
in a city of sand where everything is gathered up, concocted for the sake
of something entirely of today
even the padi barn is prepared for today
not a single person can store a voice for time past
unchanging time
hoping for a future way out
a poem

siti tosses sharp gravel about
in her eyes she sees reflected sun, boats,
birds, many people
walking, speeding by, wheeling around, running off
siti has no idea why
smiling, she only knows they happen

siti dislikes the sea color of your mouth
a mouth reeking of rotting fish
a tomb for words, shouting and boasting, murdered in revenge,

memendam mayat kata yang dibunuh dendam, teriakan dan bualan
siti tak suka laut penuh ikan busuk dalam mulutmu
siti tak suka laut penuh mayat kata dalam mulutmu
mulut bau dendam, mulut bau teriakan, mulut bau bualan
siti tak suka mulutmu bau busuk yang bicara tentang laut dipenuhi mayat kata
senyummu kaku, palsu seperti laut tenang yang menyimpan dendam
yang menyimpan ikan busuk dari mayat kata
siti lebih memilih warna kulitmu yang dihuni jejak matahari
matahari yang menguapkan asin laut di pori-pori coklatmu
uap asin laut yang menguarkan parfum alam di ketiakmu
sungguh, siti tak suka mulutmu

di malam-malam sepi di bulan juni siti tafsiri kembali hari
hari di mana siti pernah menatap matahari, melompati anak
sungai, merasakan bumi
siti pernah hidup dalam rumah yang damai
sebentuk perahu dengan layar terkembang
tapi di malam-malam sepi di bulan juni saat siti tafsiri
kembali hari
siti temukan banyak lubang tersumpal
siti pun tahu, air yang menghidupi bukan dari sumber
yang bersih
sebuah mesin telah bercokol di antara siti dan sumber
siti pun ingin tahu di mana sumber itu
siti lepas sumpal lubang, siti bongkar mesin penghalang
perubahan membuat siti gelagapan
siti sibuk dengan tangan siti sendiri, dengan mulut siti sendiri
mata siti jadi rabun, limbung, tak tahu jalan menuju
di saat siti lelah dan sedih, di malam-malam sepi di bulan juni
siti mencoba menafsir kembali hari
hari di mana siti ingin berganti klambi malah tersengal
hampir mati
siti hanya miliki segumpal daging dan harus membuatnya
tetap menjadi daging
dan tidak menjadi besi

siti dislikes the sea in your mouth filled with rotting fish
she dislikes the sea in your mouth filled
with the cadavers of words, a mouth
stinking of revenge, a mouth stinking of shouting, a mouth stinking of
boasting
siti dislikes your stinking mouth speaking about a sea filled with
the carcasses of words
your smile is stiff, as false as the calm sea harboring revenge
keeping the remains of words, their rotting fish
siti prefers the color of your skin in which traces of the sun dwell
a sun evaporating the sea's salt in your brown pores
a sea salt steam emitting natural perfume in your armpits
really, siti does not like your mouth

on quiet nights in june, siti sits reinterpreting the days
days when she had gazed at the sun, jumped into the river, touched the
earth
siti once lived in a peaceful home
a home in the form of a ship with unfurled sails
but on quiet june nights
when siti sits reinterpreting the days
she finds many plugged up holes
she also knows that water giving life does not come from clean springs
between siti and the spring a machine bars the way
siti wants to discover where that spring is
she removes the plug from the hole, and breaks that machine in the way
change bewilders her
siti is engaged with her own hands, her own mouth
siti's eyes are growing dim, shaky, not knowing where to go
when siti is fatigued and sad, on quiet june nights
she tries to reinterpret the days
days when wanting to change her tunic, she almost died from loss of
breath
siti only owns a lump of meat and it must stay as meat
must not become iron

di dermaga, peperahu datang, peperahu pergi
matahari petang, matahari meninggi
beburung camar, beburung pelikan
di sudut jendela kampar siti ambil napas panjang
semua meninggalkanku seperti laut yang surut
ah anakku, prajuritku, dengar-lihatlah
laut masih gemuruh
lajulah laju perahu
lajulah laju

*

on the pier, boats come and go
the afternoon sun is climbing high
seagulls, pelicans
at the jalan kampar corner window, siti breathes deep
everything leaves me like the sea at ebbtide
oh my child, my soldier, listen, see
the sea still thunders
go fast, ye fast boats
go fast

*

Akhiran

setelah luruh seluruh kisah
setelah rengkuh raya
sebelum malam menghapus bumi
sebelum lumut menghapus tembok
terpanen apa yang telah diikhlaskan:
yang berakar bukanlah sisa
yang terbiar tak tanpa guna
yang akan lalu yang akan datang
aku dan kamu; kami

angin menggetarkan membran kesunyian
keheningan memecah
tumpah bagai hujan kunang-kunang
menggelombangkan kehampaan
gaungnya tumbuh melebihi hutan
meletupkan lubang-lubang kekosongan
angkasa berputar dalam selaputnya
memayungi kota-kota
denyutnya: bahasa tanpa kata.

The End

after this entire tale fades
after the grand homage
before night erases the earth
before the moss erases the wall
harvesting what has been done with devotion:
that which grows roots is not remnants
that which is abandoned is not without use
that which will pass will be returning
i and you; we

wind rattles the membrane of silence
the stillness splinters
spilling like a rain of fireflies
turning the vacuum into waves
its echoes exceeding the forest
bursting the holes of emptiness
the heavens revolving in its membrane
shading cities,
its throbbing: a language without words

Glossary

Banjarpanji	A place name in Sidoarjo Regency, East Java
Banjar-Panji 1	PT Lapindo Brantas' borehole which ultimately precipitated the mud eruption at Porong Subdistrict.
Bharada	Mpu Bharada was a famous Buddhist sage at the time of the East Java king, Airlangga, in the mid-11th century CE.
Bismillah	The Arabic invocation "In the name of God"
Gembong	A section of Surabaya known for several large flea markets.
Gentengkali	An area in the Old Town district of Surabaya
Izrail	The Angel of Death
kebaya	A woman's traditional blouse-like garment
Kertapati	Raden Panji Inu Kertapati, the protagonist-hero of the eponymously named Panji tales of East Java.
Kilisuci	Dewi Kilisuci, a daughter of King Airlangga, famously renounced the throne she inherited to meditate and practice spiritual exercises in the cave Gua Selomanglen in Kediri.
Kupang	A district in Surabaya
Mindi	A place name in Sidoarjo Regency, East Java
Putat	A district in Surabaya
Siring	A place name in Sidoarjo Regency, East Java
Tanggulangin	A town some 40 km. to the south off Surabaya
tuak	Either a kind of palm wine or fermented coconut milk
Yellow Flowers	Yellow Flowers Cemetery (*Makam Kembang Kuning*) is an old Chinese cemetary in Surabaya well-known for its nighttime open-air prostitution.

A Conversation between the Translator and the Poet

(FAM = F Aziz Manna; GAF = George A Fowler)

GAF: Bung Aziz, your long poem, *Siti Surabaya*, is rich in striking and vivid imagery, images, I might add, that are quite ambiguous and mysterious. Are they all related in or by a narrative structure? Is *Siti Surabaya* in fact a single narrative or several, perhaps separate, ones? Or perhaps not a narrative at all? Of course, some essential connection with the May 29, 2006 "Lapindo" mud volcano eruption in Porong Subdistrict, Sidoarjo, East Java is clear. And the word *siti* in Javanese usage is readily recognizable as both a female honorific and the ordinary word for "earth, land, soil," etc. And beyond that, there is the obvious pun on the word "city" — hence "Surabaya City" (to say nothing of the pun on Indonesia's classic eponymously titled *Sitti Nurbaya*). Awareness of the three meanings of *siti* is key to approaching this work — though just how that key "works" is a piquant challenge to the reader. Thus, I admit to often finding myself sailing in uncharted waters, at least in a literary sense, as I work through *Siti Surabaya*. So, any thoughts you may wish to share on this poem would certainly be greatly appreciated by English-language readers of this unique Indonesian literary achievement.

First of all there are two internal subtitles within the poem, *Awalan* and *Akhiran* (translated here as "The Beginning" and "The End," respectively). Right off, this reminded me of the equivalent terms for prefix and suffix that are so vital to word formation in the Indonesian language. However, apart from that, do these two words imply a journey through time? The Sidoarjo mud volcano did indeed occur at a certain point in time, causing the residents in its vicinity to flee, many of them to nearby Surabaya, Indonesia's second largest metropolis. Further, this development coincided with the general trend in Indonesia of migration from rural to uban areas, and this of course has occured (and continues to occur) in historical time.

Also, with the expression of tense in Indonesian considerably more ambiguous compared to English, I thus wondered if I would be justified in "creating" a temporal panorama that would be more definite than a literal reading of the Indonesian text would provide.

FAM: I agree with your thoughts on applying narrative time in translating Siti Surabaya. It may of course be imagined simply in that way: Siti's life in her kampung (in Sidoarjo) which was hit by the mud disaster followed by her migration to Surabaya where she encounters many more challenges.

With regard to the interior titles, when I first imagined this book, it was my desire to adopt the concept of the Javanese *Sangkan Paraning Dumadi* ("From Where to Where, Mankind?"). The use of those subtitles I also adopted from the Old Javanese manuscript structure such as found in *Serat Centhini* and *Babad Tanah Jawi*, which makes use of such conventions. But as to whether my efforts succeed here, I am unsure.

As to the structure of this poem, I can say that initially this work was actually designed as a narrative poem and was limited to highlighting the urban society of Surabaya. However, later it evolved into this present form. Let me summarize as follows.

The book *Siti Surabaya* is an experiment with my early poetry and its design is my effort to knit together my earlier poems published in three volumes into a "long poem."

Its embryo was the 116-page book *Siti Surabaya dan Kisah Para Pendatang* ("Siti Surabaya and The Tale of the New Arrivals") that was published in 2010. Later, when the book *Tanggulendut* ("Mud embankment") was published, I experimented with combining in it my poems that dealt with the so-called Lapindo mud volcano. Then my book *Playon* ("Running around") was born and which I added to it.

This is the most up-to-date version and differs from the 2014 version in its addition of the *Awalan* and *Akhiran* which hadn't appeared in that earlier version.

Siti Surabaya tells of a woman who struggles with life after the Lapindo mud disaster and then with the "viciousness" (*keganasan*) of the big city of Surabaya and its own brand of disasters. I suppose this long poem is similar to Linus Suryadi's extended lyric prose *Pengakuan Pariyem* ("Pariyem's declaration") in a different form.

GAF: With the Lapindo event in mind, the beginning section of this poem seems at first reading to be quite opaque. Does this initial part in fact link directly with the very different, more narrative main body of the poem, that is, the hard life of Siti in burgeoning Surabaya? Or is this intended to be simply an extended atmospheric, something setting the spiritual/psychological environment, "mood," if you will, for what is to follow?

FAM: I planned this part as a sort of prelude, whose general/universal character about the creation of mankind ("genesis") in which "i" and "you" are first united as one in "heaven" (*surga*), after which comes sin (*dosa*), so that in separation, "i" and "you" fall to earth to undergo the process of the endless search. Only then does Siti, as the representative of separated humankind, humankind that searches throughout life on the face of the earth with all the variety of problems. In her case, this begins with the Lapindo mud disaster and goes on to her dragging out her life along the mean streets of Surabaya (Parts I and II).

     The final part has the same function, a finale whose character is also general/universal. The narrative cycle, starting with The Beginning to The End, and its "From Where to Where, Mankind?"

GAF: Let me begin my specific questions with who are "the sovereigns of the land" (*penguasa tanah*) in the line "vibrations that shattered the mattock blades of the sovereigns of the land in siti's kampung"? The *danyang desa* [the founding spirit of the community], perhaps?

FAM: Here and for the next several lines, "the sovereigns of the land" indicates the owners of Lapindo [PT Lapindo Brantas, the joint venture oil and gas exploration company, whose borehole set off the gas explosion that created the mud volcano in 2006], Ical, Aburizal Bakrie, the spirits of the banyan trees, and Golkar at that time.

GAF: What is the idea behind "a suction gate / which never forgave those methods / of once being tapped, forever cursing"?

FAM: A "suction gate" in those lines are the oil well whose walls have collapsed, so that, on the one hand, it spews and on the other, it sucks.

GAF: The second-person pronoun, "you," in both it's singular and plural forms, appears throughout the poem. Who are these persons? The same, or, either basically different or the same but evolving as the poem progresses? Might they embody society at large who generally look down on rural people and particularly rural migrants?

FAM: The character of Siti places herself as someone who is both in a social community and, being at the same time an expelled outsider, is not part of any social community. Thus, Siti often mentions "you" and "you (all)." All these "yous" may change as the context changes. There are authorities, supercilious society, and even God. For sure, whoever these "yous" are, such figures are on the outside and who undermine Siti.

GAF: The line, "the one hit and the one hitting become one in the very thing thrown" suggests something rather profound.

FAM: Here I tried to play with the word "thrown," which in my mind is quite unique. That is to say, the object thrown also exists in the condition of the object that is hit by that throw. I imagine that is the condition of "outcast people," or as the saying goes, *sudah jatuh tertimpa tangga* ["Not only fell off the ladder, but got hit by the falling ladder to boot"].

GAF: You write, "you roll the dice like rolling Siti's fate." Might this "roller" be God himself?

FAM: Yes, it could be or it could refer to anyone and everyone who has more power than Siti does.

GAF: I don't grasp the metaphor, "a chair has stepped on siti's convictions," particularly the function of "chair." In fact, the chair image recurs in this poem. For example, the line, "a group of people who plant chairs on the head…"

FAM: Here chairs symbolize the locus of power / position, influence, etc., in any society.

GAF: What does the line "but how short her head was" refer to besides Siti herself?

FAM: I intended "shortheaded, etc." here as a sign that no matter how broadminded someone might be, that person's thoughts will still stay limited. The human brain is in the head and its dimensions are small / short, etc. However broad, human aspirations and desires are sure to be limited.

GAF: "Oh singer, no one loves, not even the world…" Who is this singer being summoned, addressed here?

FAM: The singer here is everyone who hides in the ground, and may even refer to the dead.

GAF: In the line, "those you embraced have disappeared, those you daydreamed, attack," who are the ones embraced? People whom Siti loved in her lifetime? I would suppose that "daydreamed" could be understood as "fantasized," and so forth. Would that be correct?

FAM: Yes, this is what happens to Siti when imagining the bodies that were loved, whether other person's bodies or her own. When she wants to be, or is going to be embraced, that imaginary body disappears. As for those bodies that are fantasized or daydreamed, they undermine / attack her consciousness.

GAF: You write, "siti straightway runs south, to the north coast…" Does this image exemplify Siti's chaotic feelings and behavior? And another paradox: "siti runs to the east again, toward the setting sun…"

FAM: Yes, such lines describes Siti's journey into the world of prostitution in Surabaya. Siti is always moving, confusedly surviving from the hands of the pimp to the embrace of her "johns." The business of Siti going eastward to the setting sun shows the end of time or indeed "the end times," as shown by the sun setting in the east.

GAF: Who is "they" in "they say they have arisen and walked far for one hundred years"? Siti's fellow displaced refugees?

FAM: In that line, "they" refers to people who believe in the existence of National Awakening Day in Indonesian history.

GAF: In the line, "until every drop of sweat falls, until everything in deadlock collapses," what is the "deadlock, impasse, dead end" you evoke?

FAM: These lines describe Siti's struggles to find a way out of her predicaments, symbolized by her endless "knocking on doors" but always failing, until even her sweat runs dry and even when all the dead ends collapse, she still can't find her salvation.

GAF: What about "and then black umbrellas abandon the future"? The image of these black umbrellas here is quite ominous and even rather threatening. What are you describing?

FAM:.   Yes, I also imagined that scene as ominous, like a procession of corpses which in Javanese tradition are accompanied by black umbrellas. The atmosphere in this image points to a carnival of death.

GAF: And in the line, "and only sending out a broken key," does the image of a broken key have special significance here?

FAM:.   Yes, a key presupposes a way out from the hellish cycle of Siti's life; however, here it's a broken key, meaning she's been lied to and cheated anyway, similar to the phrase *jalan setapak bercabang* ("a forked footpath").

GAF: Finally, there are the powerful images evoked by the lines, siti no longer has no memory, but she is forced to say amen to red roses amidst the beheadings. Perhaps you could expand a little on this for readers not too familiar with Indonesia.

FAM: This part deals with the history of Surabaya and Indonesia in general, and specifically with our experience of violence. The education system forces everyone to remember the period around the September 30th Movement [in 1965] aka "Gestapu," with a sense of terror. Siti belongs to the generation whose thought patterns are controlled, who are the inheritors of the tradition of violence wherein beheadings [the mass murders in 1965-66 of suspected communists, especially in the rural areas of Java] are taught in schools as heroism as beautiful as red roses.

GAF: Thank you, Bung Aziz!

Translated and edited by George A Fowler

Biographical Information

F Aziz Manna was born December 8, 1978 in Sidoarjo, East Java and attended Airlangga University in Surabaya, majoring in history in the Faculty of Cultural Studies. He is well-known for his daring avant-garde and socially conscious (if not to say "socially indignant") poetry. In 2016 his anthology *Playon* ("Running"), first published by the East Java Arts Council in 2015, received the prestigious Kusala Sastra Khatulistiwa award which annually celebrates and provides funding for the leading Indonesian literary figures. A collection of his poems translated by John McGlynn under the title *Mantra for Attacking the City* was published by the Lontar Foundation in 2019. His "experimental" epic poem *Siti Surabaya*, an amalgam of three earlier works, was first published by Garudhawaca press in 2014 and republished by Orbit Indonesia in 2020. Also in 2020, a French-language translation of the poem by Elisabeth D Inandiak was published by Indie Book Corner of Yogyakarta.

George A Fowler began studying Malay and Chinese in 1970 at Nanyang University ("Nantah") in Singapore. He moved to Indonesia in 1971 to co-author *Pertamina: Indonesian National Oil*, a book project that took him from Sumatra to Papua. Subsequently, from 1973 to 1975, in between semesters at the University of Toronto, he returned to Indonesia to do field research for *Java: A Garden Continuum*, essays on Java's culture and history, another co-authorship. From 1976 and for the next 24 years he was a commerical banker throughout the Asia-Pacific region, with a good deal of this time spent in Singapore and Indonesia.

In 2002, with an MA in International Studies from the University of Washington, George began a second career as a freelance commercial translator of Indonesian, Chinese, Malay, and Tagalog and as an Indonesian interpreter. He began literary translation of Indonesian and Chinese in 2009 with the publication in 2011 of *Sitti Nurbaya* (by Marah

Roesli) and *Old Town* (by Lin Zhe). Since then, he has translated 15 other works of fiction, non-fiction and poetry from these two languages, including *Islam, Humanity, and the Indonesian Identity: Reflectons on History* by the late Ahmad Syafii Maarif. He and his wife Scholastica live in Woodinville, Washington, USA.